2022 城市营商环境创新报告

中央广播电视总台 编著

中国科学技术出版社
·北京·

图书在版编目（CIP）数据

2022 城市营商环境创新报告 / 中央广播电视总台编著. -- 北京：中国科学技术出版社，2023.6

ISBN 978-7-5046-9953-4

Ⅰ.① 2… Ⅱ.①中… Ⅲ.①投资环境—研究报告—中国— 2022 Ⅳ.① F832.48

中国版本图书馆 CIP 数据核字（2023）第 029244 号

策划编辑	秦德继　周少敏
责任编辑	申永刚　刘　畅
封面设计	仙境设计
版式设计	蚂蚁设计
责任校对	吕传新
责任印制	李晓霖

出　　版	中国科学技术出版社
发　　行	中国科学技术出版社有限公司发行部
地　　址	北京市海淀区中关村南大街 16 号
邮　　编	100081
发行电话	010-62173865
传　　真	010-62173081
网　　址	http://www.cspbooks.com.cn

开　　本	710mm×1000mm 1/16
字　　数	288 千字
印　　张	23.5
版　　次	2023 年 6 月第 1 版
印　　次	2023 年 6 月第 1 次印刷
印　　刷	河北鹏润印刷有限公司
书　　号	ISBN 978-7-5046-9953-4 / F・1088
定　　价	398.00 元

（凡购买本社图书，如有缺页、倒页、脱页者，本社发行部负责调换）

◀ 编委会 ▶

编委会主任：慎海雄

编委会副主任：彭健明

编　　　委：蔡　俊　哈学胜　杜　阳　齐文星

　　　　　　刘　星　刘欣然　尹　阳

学 术 顾 问：李稻葵　马承恩

支持单位：清华大学中国经济思想与实践研究院

　　　　　赛迪顾问公司县域经济研究中心

特约编辑：厉克奥博　袁保鸿　陈大鹏

目录

2022 城市营商环境创新报告

一　城市营商环境创新——总论

2022 城市营商环境亮点综述 ·······002
» 营商环境优化的时代意义 ·······002
» 2022 年营商环境优化的整体态势 ·······005
» 2022 年营商环境优化的创新亮点 ·······005

2022 城市营商环境创新趋势与建议 ·······013
» 创新趋势 ·······013
» 创新挑战 ·······016
» 创新建议 ·······018

二　城市创新实践

北京市 ▶	试行市场主体登记确认制改革 ·······022
天津市 ▶	创新服务、集成发力,不断提升政务服务便利化水平 ·······028
上海市 ▶	虹口区构建"政企交流、企企对接"新型服务平台 ·······034
重庆市 ▶	打破"信息孤岛"、搭建"信息金桥",助力中小微企业融资 ·······040
石家庄市 ▶	推行"智能 AI 审批"改革,提供"无人工干预智能审批"服务 ·······046
太原市 ▶	"全代办"跑出工程建设项目审批"加速度" ·······052
呼和浩特市 ▶	聚焦创造、保护和运用,提升知识产权全链条服务水平 ·······058
沈阳市 ▶	深入实施"只提交一次材料"改革,打造"办事方便"政务环境 ·······064
大连市 ▶	"一网统管"让城市会思考、更智慧 ·······070
长春市 ▶	数字赋能政策直达,打通兑现"最后一公里" ·······076
哈尔滨市 ▶	政务服务"三聚焦",实现基层全覆盖"好易办" ·······082

南京市 ▶	"质量小站"为企服务展现大作为	088
无锡市 ▶	试点"一照通办",让企业简单办事	094
苏州市 ▶	法人服务总入口"苏商通"打造法人全生命周期服务	100
南通市 ▶	证照"套餐办"改革实现市场主体"准入又准营"	106
杭州市 ▶	推行企业办事"一照通办"	112
宁波市 ▶	财政三个"保"政策金融工具精准助力稳企稳岗	118
合肥市 ▶	法院构建"云办案"模式,深化智慧法院建设,助力优化营商环境	124
福州市 ▶	打造"共享营业厅",实现"水电气网"一窗联办	130
厦门市 ▶	电力外线工程"零投资",打造"Easier办电"服务模式	136
泉州市 ▶	项目落地"e联审"一链办	142
南昌市 ▶	推行智慧化预警多点触发式监管	148
济南市 ▶	创建"54321"政府采购体系,打造"在泉城·全办成"服务品牌	154
青岛市 ▶	推行首席审批服务官制度,赋予最专业的人最高效的审批权	160
郑州市 ▶	打造"登银合作"郑州模式,构建不动产抵押登记服务新生态	166
武汉市 ▶	打造审管一体化信息交互平台,实现三级审管联动	172
长沙市 ▶	聚焦电子证照扩大应用领域,加快建设"无证明城市"	178
广州市 ▶	推进国际贸易单一窗口建设,优化口岸营商环境	184
深圳市 ▶	多点发力强化商业秘密保护,激发市场主体创新活力	190
佛山市 ▶	推进制造业数字化智能化转型发展	196
东莞市 ▶	港资企业全程电子化登记改革	202
南宁市 ▶	"邕心办问 一件事集成"办问协同税费服务模式	208
海口市 ▶	推进政务服务"零跑动"改革,实现便民利企	214
成都市 ▶	"天府蓉易享政策找企业"平台推动惠企政策"一网通享"	220
贵阳市 ▶	聚焦政务服务"五个一办",助推营商环境提质增效	226
昆明市 ▶	远程异地评标工位制打破地域限制,化解"常任专家"难题	232
拉萨市 ▶	夯实基础、优化服务,推进拉萨市招商引资工作高质量发展	238
西安市 ▶	搭建"西安政策通"平台,打通政策落地"最后一公里"	244
兰州市 ▶	聚焦"四化",兰州谱写"清兰"智慧交易新篇章	250
西宁市 ▶	深化"放管服"改革,当好服务企业"店小二"	256

银川市 ▶ 兴庆区以政务品牌建设为抓手，全面推进审批服务提质增效 ········ 262

乌鲁木齐市 ▶ 通关时效会商沟通机制 ·········· 268

三　县域营商环境创新——总论

2022 县域营商环境亮点综述 ·········· 276
2022 县域营商环境创新趋势与建议 ·········· 277
  » 创新趋势 ·········· 277
  » 创新建议 ·········· 278

四　县域创新实践

张家港市 ▶ ·········· 282
晋江市 ▶ ·········· 284
常熟市 ▶ ·········· 286
长沙县 ▶ ·········· 288
浏阳市 ▶ ·········· 290
太仓市 ▶ ·········· 292
如皋市 ▶ ·········· 294
福清市 ▶ ·········· 296
如东县 ▶ ·········· 298
龙口市 ▶ ·········· 300
南昌县 ▶ ·········· 302
宁乡市 ▶ ·········· 304
桐乡市 ▶ ·········· 306
石狮市 ▶ ·········· 308
肥西县 ▶ ·········· 310
仙桃市 ▶ ·········· 312
巩义市 ▶ ·········· 314

滕州市 ▶	316
肥东县 ▶	318
嘉善县 ▶	320
枣阳市 ▶	322
博罗县 ▶	324
东阳市 ▶	326
永康市 ▶	328
永城市 ▶	330
玉环市 ▶	332
青州市 ▶	334
射阳县 ▶	336
瓦房店市 ▶	338
西昌市 ▶	340
丰城市 ▶	342
安宁市 ▶	344
彭州市 ▶	346
钟祥市 ▶	348
三河市 ▶	350
庄河市 ▶	352
海城市 ▶	354
安吉县 ▶	356
江油市 ▶	358
遵化市 ▶	360
延吉市 ▶	362
万宁市 ▶	364

一

城市营商环境创新——总论

2022 城市营商环境亮点综述

2022年，世界百年未有之大变局加速演进，世界进入新的动荡变革期，同时 我国改革发展稳定依然面临不少深层次矛盾，需求收缩、供给冲击、预期转弱三重压力仍然较大。面临这些挑战，中央和国家高度重视营商环境优化，各地也把优化营商环境作为推动高质量发展的关键一招，取得突出成绩，形成一系列改革亮点。

一 营商环境优化的时代意义

1. 优化营商环境是稳经济促发展的关键措施，更成为推进国家治理体系和能力现代化的重要抓手

2022 年 10 月，党的二十大报告两次提到优化营商环境，**将优化营商环境列为构建高水平社会主义市场经济体制和推进高水平对外开放的关键措施。** 优化营商环境成为壮大国内大循环和畅通国际循环的关键节点，在构建新发

展格局中的地位进一步凸显。

一个地区经济发展，短期靠项目，中期靠政策，长期靠环境。我国营商环境优化大致经历了三个阶段，一是"修路架桥、减税降费"阶段，为企业提供良好的基础设施环境、降低企业成本，二是"简政放权、政策扶持"阶段，减少对企业的不合理行政干预、并为符合一定条件的企业（例如重点行业、专精特新企业等）发展提供补贴和政策支持。**近年来，我国营商环境优化迈入"制度型开放引领营商环境升级"新阶段**。这一阶段的典型特征是，优化营商环境从政策上升到制度，从降低企业生产经营成本转为降低市场主体制度性交易成本，从政府减少干预转为政府为市场赋能。优化营商环境已经成为推进国家治理体系和能力现代化的重要抓手，是实现中国式现代化的必然要求。

2022年9月，国务院办公厅发布《关于进一步优化营商环境降低市场主体制度性交易成本的意见》（下简称《意见》）。《意见》从"进一步破除隐性门槛，推动降低市场主体准入成本""进一步规范涉企收费，推动减轻市场主体经营负担""进一步优化涉企服务，推动降低市场主体办事成本""进一步加强公正监管，切实保护市场主体合法权益""进一步规范行政权力，切实稳定市场主体政策预期"5个方面部署了23项重点任务。从核心理念看，《意见》明确将优化营商环境与降低市场主体制度性交易成本结合起来，强调优化营商环境的主要目标是降低制度性交易成本。相对传统的减税降费、产业补贴等政策，《意见》更加强调改革创新，从市场准入、产权保护、公平竞争、社会信用等市场经济基础制度入手，逐步消除行政性法制性体制性障碍，真正为企业发展"赋能"。

2　优化营商环境是提升中国经济全球竞争力的关键措施

营商环境是一个国家或地区经济软实力和竞争力的重要体现，为了适应形势的变化，对于营商环境的评价指标也在进行动态调整。2022年，世界银行发布了新的商业和投资环境评估体系，与之前的营商环境（Ease of Doing Business）评价体系相比，新的"宜商环境"（Business Enabling Environment）评价体系将评估视角由本地中小企业调整为包括外资企业在内的整个私营经济，在评估内容中加入了对政府主动作为、提供公共服务的考量，同时更加强调数字赋能和可持续发展的价值导向。这一"宜商环境"评价体系为包括我国在内的全球主要经济体提供了营商环境优化工作的重要参考。

优化营商环境从本地政策扶持转向制度型开放以及国内外规制协调。当前，国际经贸规则正在朝着以制度型开放为主进行重构。传统的世贸组织规则越来越难以适应世界经济形势变化，在提高发展中国家和新兴经济体代表性、制定数字经济等新兴领域经贸规则上步履维艰。全球范围内高标准、涵盖诸多"边境后"议题的双边或区域自贸协定不断涌现，包括《全面与进步跨太平洋伙伴关系协定》（CPTPP）、《美国—墨西哥—加拿大协定》（USMCA）、《日本与欧盟经济伙伴关系协定》（EPA）等，呈现出许多新规则和新议题。这种国际经贸规则重构的新趋势，促使我国外向型城市需要推动制度型开放，从而适应并能在新趋势中争取更多主动权。

③ 优化营商环境有望成为推进中国式现代化的重要抓手，为全球经济治理提供"中国智慧"

优化营商环境的核心是让市场在资源分配中发挥决定性作用，同时要更好地发挥政府的作用，处理好政府与市场关系。国际上营商环境评价体系侧重于厘清政府和市场的关系，减少行政干预。**而中国发展的宝贵经验是，有效市场和有为政府要相得益彰**。政府有能力也应该有动力来培育市场、关心市场主体，促进市场的发展。营商环境改革在理顺政府和市场关系的同时，也要推进政府自身的改革，通过政府自身的制度建设来影响各级政府行为，从而更好为市场主体服务。其关键是为各级政府尤其是地方政府提供正确的激励，通过政治、经济、法律等各种制度来激励和约束政府行为。各地优化营商环境的具体实践，一方面根植于当地实际情况，另一方面很多实践具有可复制可推广的价值，也适用于全国其他地区，很多经验甚至体现了具有普遍意义的经济学道理，具有在更大范围内发挥引领示范作用的潜力，**有望为全球经济治理体系改革提供"中国智慧""中国方案""中国标准"，增强中国在高标准国际经贸规则制定中的影响力。**

二　2022年营商环境优化的整体态势

面临新冠疫情的反复冲击，各城市坚持以习近平新时代中国特色社会主义思想为指导，贯彻落实党中央、国务院关于优化营商环境的决策部署，围绕纾困帮扶、降低制度性交易成本、培育壮大市场主体、保障市场竞争公平有效等目标，持续推动市场化法治化国际化营商环境建设，将优化营商环境作为稳步扩大制度型开放、推动全面深化改革走深走实的关键一招，取得突出成果。各城市普遍强调增强服务意识和能力，以企业实际需求和人民群众急难愁盼事项为重点，破除体制机制障碍、整合协调各类资源、形成政府和市场合力，帮助市场主体解难题、渡难关、复元气、增活力，为中国经济高质量发展注入正能量。

三　2022年营商环境优化的创新亮点

1 优化营商环境的城市创新

各城市对标党中央和国务院要求，对接全球先进水平，结合本地特色，推出一系列优化营商环境创新举措。2022年度，各城市优化营商环境亮点频出，各方面改革举措愈发向深走实。举措的创新性、系统性、差异性、丰富度较之前均明显增强，如：从降低企业生产经营成本、规范政府干预行为转向降低市场主体制度性交易成本、实现政府为市场赋能；从简单的便利化、优惠性政策转向市场环境优化、竞争秩序维护，等等。这些都是我国营商环境优化迈入"制度型开放引领营商环境升级"新阶段的重要体现，将助力我国推进国家治理体系和能力现代化、建设中国式现代化。

一是政务服务数字化在疫情期间快速推进。疫情期间，人员流动受阻，数字化成为打通政务服务"最后一公里"、提升服务质量和水平的重要手段。**二是纾困政策为市场主体尤其是中小微企业"保驾护航"**。各地普遍将纾困政策作为优化营商环境的重要举措，缓冲疫情蔓延对企业正常生产经营带来的负面冲击。**三是更加强调资源整合，发挥各级政府、各个部门以及政府和市场之间的合力**。各地普遍将优化营商环境作为"全政府工程"乃至"全社会工程"，整合行政资源和市场资源为企业和居民提供高质量公共服务。**四是理顺相关流程、简化审批程序，降低企业制度性交易成本**。流程优化和体制机制创新对于降低企业成本、提升企业办事便利度具有立竿见影的效果。**五是强化公平竞争，保障企业参与市场竞争的权利**。积极营造公平竞争营商环境是更好支持各类市场主体尤其是民营企业、中小微企业和个体工商户等健康发展的必由之路。例如：

北京把打造市场主体登记确认制的"北京模式"作为"放管服"改革的"先手棋"和优化营商环境的"当头炮"，构建以"自主申报、信用承诺为基础，以形式审查、结果确认为准则，以信用监管、违诺惩戒为保障"的市场主体登记确认制服务模式，全方位降低了市场主体登记的制度性交易成本。

上海以虹口区为主体推出"企航北外滩"特色服务品牌，构建"政企交流、企企对接"新型服务平台，对企业提出的具体问题实施"清单管理、定期清零"，为企业提供全过程周期服务，拉进了企业家和政府的距离，心贴心、暖人心、提信心，提升了服务"软实力"。

重庆打造"信易贷·渝惠融"平台，推动全市"一张网"归集信用数据、"一揽子"提供信息共享服务,深挖数据赋能场景撬动,实现涉企数据全面归集、融资服务全域覆盖、银保对接全网通办,切实缓解企业融资难题。

杭州积极推动营商环境"微改革",推广企业办事"一照通办"模式,实现申报材料"应减尽减"、数据"应归尽归"、场景"应用尽用",充分释放了惠企利民红利,打造了城市便捷服务的新生态。

广州推进国际贸易单一窗口建设,打造粤港跨境报关"一站式"服务,整合协调新技术手段以及海关、税务、外汇、银行等机构,便利企业跨境资金流动,为进出口企业提供"单窗口""全链条""全覆盖"服务。

深圳强化商业秘密保护,打造省市区三级共建商业秘密保护基地,发布商业秘密保护地方标准,推进政府企业共治、线上线下结合、国内国外协同、警示打击配合,提高了市场主体商业秘密保护意识和能力,激发了市场主体创新活力。

2 2022 城市营商环境创新"十大关键词"

1 一网通办

针对问题 ▶ 企业和群众办事多地跑、多次跑,办事不便利、程序不透明、标准不统一

代表性举措 ▶ 一网通办 / 全程网办 / "一码通"服务 / 惠企综合服务平台 / 电子证照 / 电子印章 / 公共服务评议平台

代表性城市 ▶ 北京市、天津市、上海市、重庆市、石家庄市、太原市、呼

和浩特市、沈阳市、大连市、长春市、哈尔滨市、南京市、无锡市、苏州市、南通市、杭州市、宁波市、合肥市、福州市、厦门市、泉州市、南昌市、济南市、青岛市、郑州市、武汉市、长沙市、广州市

2 智慧监管

针对问题 ▶ 立法、司法、执法体制机制不健全，监管机构之间缺乏协调，监管对高质量发展的支撑功能不足

代表性举措 ▶ "双随机、一公开"监管 / "云法庭" / 民营企业司法服务联络站 / 轻微违法免罚清单 / 纠错容错机制 / 涉企重大案件报告制度 / 专业法院 / 分级分类监管 / 智慧监管 / 协同监管 / 信用修复 / 事中事后监管

代表性城市 ▶ 北京市、天津市、上海市、重庆市、沈阳市、无锡市、南通市、杭州市、宁波市、合肥市、济南市、郑州市、长沙市、广州市、深圳市、佛山市、南宁市、成都市、西宁市

3 精简审批

针对问题 ▶ 审批过程复杂度高、透明度低、速度慢、程序堵

代表性举措 ▶ 拿地即实施 / 用地清单制 / 承诺可开工 / "技审分离、平面审批"改革 / "联合验收"改革 / 工程分阶段验收 / 低风险项目简易管理 / 建筑师负责制 / 审批审查协调中心 / 容缺受理 / 智能 AI 审批

代表性城市 ▶ 北京市、天津市、上海市、重庆市、石家庄市、太原市、呼和

浩特市、南通市、杭州市、宁波市、福州市、厦门市、泉州市、南昌市、济南市、青岛市、郑州市、武汉市、长沙市、广州市、东莞市、昆明市、拉萨市、西安市、兰州市、银川市

4 知识产权保护

针对问题 ▶ 知识产权保护力度不足、范围不广，知识产权交易和融资机制不健全

代表性举措 ▶ 知识产权交易中心 / 知识产权一站式公共服务平台 / 知识产权法院和知识产权法庭 / 商业秘密保护 / 知识产权证券化 / 知识产权协同保护警务工作站 / 保护知识产权驻企业工作站 / 知识产权惩罚性赔偿 / 海外知识产权维权援助

代表性城市 ▶ 北京市、天津市、上海市、重庆市、呼和浩特市、苏州市、宁波市、合肥市、济南市、长沙市、广州市、深圳市、佛山市、东莞市、海口市、成都市、海口市、贵阳市、昆明市、拉萨市、西安市、兰州市

5 招投标优化

针对问题 ▶ 招投标（包括公共资源交易）透明度低、腐败高发，投标保证金等制度为市场主体增加负担

代表性举措 ▶ 全流程电子化线上化 / 政府采购业务系统广覆盖 / "综合监管＋行业监督＋三方见证"模式 / "电子信用保函"模式 / 远程异地多点评标 / 投标保证金信用免抵押 / 招投标手续优化 / 政府采购"零成本投标"

| 代表性城市 | 北京市、天津市、上海市、呼和浩特市、沈阳市、杭州市、合肥市、福州市、泉州市、济南市、武汉市、长沙市、广州市、深圳市、佛山市、东莞市、南宁市、海口市、成都市、昆明市 |

6 助企纾困

| 针对问题 | 疫情期间企业生产经营承压、遇困，中小企业尤其严重 |

| 代表性举措 | 政策"免申即享"/"简申快享"/纾困增产增效专项资金/租金减免和补助/重点企业"白名单"/中小企业扶持政策公开报告制度/线上线下首贷服务中心/中小微企业融资增信基金模式/民营企业转贷基金/"征信+线上"贷款模式/"仓单登记中心"供应链金融管理平台/普惠金融乡村服务站/"登银合作"模式 |

| 代表性城市 | 北京市、天津市、上海市、重庆市、石家庄市、沈阳市、大连市、南京市、无锡市、南通市、宁波市、合肥市、福州市、厦门市、泉州市、南昌市、郑州市、广州市、西安市 |

7 跨区域通办

| 针对问题 | 部分事项只能本地办理且各地互不认可，企业生产经营面临行政区域边界壁垒限制，跨区域展业成本高、难度大 |

| 代表性举措 | 全城通办/跨市、跨省通办/一照多址/电子证照互认/信息系统数据共享/区域组合通关/一照通行/公共资源交易跨区域合作 |

| 代表性城市 | ▶ 北京市、上海市、重庆市、太原市、长春市、南京市、苏州市、杭州市、宁波市、福州市、泉州市、武汉市、长沙市、深圳市、佛山市、东莞市、贵阳市、拉萨市、西安市、兰州市 |

8 跨境便利化

| 针对问题 | ▶ 商品和要素跨境流动存在壁垒，制度型开放有待稳步扩大 |

| 代表性举措 | ▶ 船边直提 / 抵港直装 / 提前申报 / 国际贸易"单一窗口" / 出口退税智能化 / 检疫鉴定一体化 / 运费分段结算 / 多式联运 / APEC 商务旅行卡专用通道 / 跨境电商全流程协同监管 / 自助式通关 / 陆路启运港退税试点 / 重点外商投资企业联系服务机制 / 境外职业资格查验平台 |

| 代表性城市 | ▶ 北京市、天津市、上海市、石家庄市、大连市、南通市、杭州市、宁波市、合肥市、福州市、青岛市、郑州市、武汉市、广州市、深圳市、东莞市、南宁市、海口市、成都市、西安市 |

9 人才支撑

| 针对问题 | ▶ 人才待遇不到位，人事争议解决机制不完善，人才发展支持有待加强 |

| 代表性举措 | ▶ 英才计划 / 人才大数据综合服务平台 / 人才培训 APP / "与个人破产制度功能相当"试点 / 人事争议"调裁审一体化" / "人才无忧"服务 / 人才电子信用档案平台和资质互认 / 新型职业农民职称评定制度 / 科技成果转化技术经纪服务 |

| 代表性城市 | ▶ 北京市、天津市、上海市、重庆市、石家庄市、呼和浩特市、沈阳市、大连市、无锡市、宁波市、合肥市、厦门市、济南市、长沙市、广州市、深圳市、南宁市、海口市、昆明市 |

10 服务优化

| 针对问题 | ▶ 涉企服务质量不优、机制不全，市场竞争公平性有待强化 |

| 代表性举措 | ▶ "六位一体"法律服务体系 / "质量小站"和质量基础设施一站式服务 / 清理欠账 / 营商环境监督联系点和观察员 / 外汇"公共保证金池"模式 / 纠纷诉源治理 / 科技成果加速器和孵化器 / 涉税服务优化 / 高效办电 / 公平竞争审查第三方评估 |

| 代表性城市 | ▶ 北京市、天津市、上海市、重庆市、呼和浩特市、大连市、南京市、苏州市、杭州市、合肥市、福州市、厦门市、泉州市、南昌市、济南市、青岛市、郑州市、长沙市、成都市、贵阳市、昆明市、西安市 |

2022 城市营商环境创新趋势与建议

好的营商环境就像阳光、水和空气，滋润培育市场主体成长。党的十八大以来，以习近平同志为核心的党中央高度重视优化营商环境，从顶层设计上为各地优化营商环境提供了重要指引。我国连续缩减市场准入负面清单和外商投资准入负面清单，加强知识产权保护，维护公平竞争秩序，落实各项支持政策，为企业提供一视同仁的竞争和发展环境，成为全球营商环境最好、进步最快的新兴经济体之一。2022 年，在中央和国家统一部署下，各个城市结合自身实际情况，针对企业和居民急难愁盼问题，以体制机制改革为主要抓手，持续推进营商环境优化。

一、创新趋势

2022 年，各城市将优化营商环境作为推动高质量发展的"牛鼻子"，呈现如下创新趋势。

1. 营商环境优化与构建全国统一大市场紧密结合

各地持续推进区域壁垒破除，减少企业跨行政区开展业务的体制机制约束。区域合作是市场主体发展的催化剂，区域壁垒破除将大大提升企业业务范围与业务效率。在企业展业方面，各地推动企业"证照分离"改革，优化对企业分支机构管理，在疫情期间探索跨区域物流人流管理、保障物流动脉畅通。在政企合作方面，各地深化招投标改革尤其是政府采购管理，为各类市场主体提供一视同仁的市场环境和政务服务。在区域合作方面，各地推进行政流程"跨省通办""跨市通办"，促进监管部门跨区域合作，探索行政资源和公共数据的跨区域共享。

同时，各地从市场准入、市场竞争、市场退出等方面深化市场机制改革。市场主体是经济的力量载体，市场机制是企业全生命周期的运行载体。营商环境创新需要从市场机制入手，打造开放包容、公平竞争、优胜劣汰的市场环境。在市场准入方面，各地优化市场主体准入条件，简化市场主体准入手续，强化市场准入效能评估。在市场竞争方面，各地推动公平竞争审查，打击不正当竞争，加强支持性引导、减少粗暴式干预。在市场退出方面，各地完善市场注销、破产处置、企业重整等制度体系，为各类要素和资源自由流转和高效配置创造更好条件。

2 营商环境优化与制度型开放紧密结合

党的二十大报告要求"稳步扩大规则、规制、管理、标准等制度型开放"，这是"制度型开放"一词首次出现在大会报告中。我国进入高水平对外开放新阶段，逐步从政策层面向制度层面转变，在商品和要素流动型开放的基础上转向规则、规制、管理、标准等制度型开放。各地在跨境投资、跨境贸易、跨境人才、跨境服务等方面务实扩大对外开放，构建国际化营商环境，对标国际高标准经贸规则，为各类商品和要素跨境配置提供良好的制度环境。在跨境投资领域，各地落实《外商投资法》、外商投资准入特别管理措施（负面清单）等制度体系，同时积极支持本地企业国际化发展，实现"引进来"与"走出去"的协同发展。在跨境贸易领域，各地优化国际贸易"单一窗口"服务模式，提升通关便利化水平，鼓励跨境电商、服务贸易等新贸易业态发展。在跨境人才领域，各地探索建设"人才特区"，为海外人才通关提供便利化条件，推动国内外执业资格和职称评审等互认，为海外人才提供子女教育、医疗、养老高质量公共服务，完善"国际范"城市环境，助力"聚天下英才而育之"。在跨境服务领域，各地加强跨境金融、法律、研发等领域支持，为外资企业境内展业和本地企业"走出去"提供综合服务支撑。

3 营商环境优化与中国式现代化建设紧密结合

各地将优化营商环境作为推动中国式现代化建设的关键一招，锻造竞争优势、补足发展短板，重点是加强基础设施建设、鼓励科技创新、推动产业升级。在基础设施建设方面，各地转变城乡建设发展方式，优化用地制度和工程管理模式，统筹推进城市建设、城市更新和乡村振兴，扎实推进城乡建设绿色发展，在加强传统基础设施建设的同时，发挥新型基础设施建设的战略性、基础性、先导性和投资带动作用。在科技创新方面，各地加强科技研发支持和知识产权保护，发挥政府的统筹协调服务功能，推动政产学研形成合力，完善对科研机构和科研人员的激励体系，激发各类创新要素的活力。在产业升级方面，各地着力打造产业集群，提升产业链韧性，推动产业数字化转型和数字产业化发展，积极融入国内国际产业分工体系。

4 营商环境优化与政府自身改革紧密结合

一方面，各地加强法治建设和监管体制机制改革创新。在法治建设领域，以政府立法为各类市场主体投资兴业提供制度保障，是深化改革开放、促进公平竞争、增强市场活力和经济内生动力、推动高质量发展的重要举措。各地推动法律法规、法律程序、补偿救济机制等方面的法治建设创新，落实"法治是最好的营商环境"理念。在监管体制领域，监管体制是营造稳定、公平、可预期的营商环境的根本保障，也是进一步优化营商环境工作更深层次的要求。各地普遍以标准化监管、全生命周期监管、分级分类监管、数字智慧监管等为抓手优化监管体系、提升监管效能。

另一方面，各地将公共服务优化作为政府自身改革的重要目标，针对企业和居民急难愁盼问题提供高质量公共服务。在社会服务领域，各地持续支持住房、医疗、教育、养老、治安等公共事业发展。在人才服务方面，各地实施"抢人才"策略，改革人才评定和管理体制，推出针对各类人才的优惠措施和奖补政策，同时为人才事业发展和生活居住提供良好环境。在金融服务方面，各地加强投资评估、审批和管理体系优化，同时引导金融机构加大对实体经济的支持力度，鼓励为实体经济服务的金融工具创新，发挥银行、保险、担保、基金等各类金融机构的协同作用。在税收方面，各地优化税收申报系统，落实减税降费等纾困措施，让企业获得实实在在的实惠。在数字化服务方面，各地在疫情期间升级电子政务服务系统，打造"数字政务大厅"，实现"让数据多跑路、让人们少跑腿"。

二、创新挑战

1. 营商环境优化在政府绩效考核中的重要性有待进一步提升

虽然多个城市将优化营商环境作为"一号工程"，建立主要领导牵头、各级各部门参与的营商环境优化工作机制，但客观来说，优化营商环境属于"软性约束"，在政府绩效考核中的重要性有待进一步提升。目前，地方政府需要完成的考核指标众多，甚至包括很多"一票否决"性指标（例如生态红线、耕地红线、地方债红线、安全生产红线等），这是地方政府首要着眼点。而在改善营商环境方面，地方政府需要投入大量资源而效果难以量化评估，导致"文件多、落地难、见效慢"。

同时，部分地方政府重视对标传统营商环境评价体系，但对解决企业实际问题、增强企业获得感用力不够。现有营商环境评价体系往往聚焦于一些能够定量化的指标来衡量营商环境，并不能完全反映营商环境全貌。但在相关绩效考核压力下，部分部门满足于完成既有评价体系中的"指标任务"，而对提升实际服务能力和效能的关注有待强化。实际上，在开办企业、办理建筑许可、获得电力、登记财产、纳税和跨境贸易等世界银行营商环境评价传统指标上，大多数城市已经取得突出成绩。但是，在市场环境和法治环境等与企业获得感关联更紧的领域，尤其是当企业发展涉及一些现有规则标准尚未覆盖的新业态新模式新领域，难以实施定量评价，相关部门重视程度不足，导致市场主体满意度增长有限。

2 部分城市将优化营商环境与招商引资捆绑，偏重龙头企业，对中小微及民营企业重视程度不足

从管理机制看，由于少数龙头企业和国有企业是地区产值、利润和就业的主要贡献者，是招商引资的主要对象，所以部分地方政府更愿意"守住"这些"关键少数"，以确保地方经济的基本盘，而缺乏积极求新求变、花大力气优化普惠性营商环境、关注中小企业问题的内在动力。中小企业民营经济的发展政策和监管执法涉及发改委、财政局、经信局、商务局、科技局、市场监管局、工商联、税务局、海关等多个部门，统一的跨部门涉企政务服务体制机制有待完善。

3 优化营商环境主要靠政府部门优化流程，而对法定机构、社会化服务组织等支持不够

除深圳等少数城市外，大多数城市尚未在法定机构设立方面形成成熟思路。法定机构是政府为履行专项公共管理或公共服务职能而设立的非部门性、半独立性公共组织，可以通过法律的方式被赋予相应权力、以更方便地以企业视角推进相关服务事项的集成化和专业化办理。放眼全球，利用法定机构提升政府服务水平在国外重点城市已经形成成熟经验，例如，新加坡公共管理或公共服务职能主要由法定机构完成。同时，社会化服务机构质量不优、服务不够。会计师事务所、财务公司、投融资公司、金融中介、律师事务所、管理咨询公司、劳务外包公司等社会化服务机构，在帮助企业与政府相关部门对接、最大化利用政策方面有较大短板，提供服务往往偏向标准化

而缺乏个性化特色。各类商协会等社会组织在发挥政府和企业之间桥梁作用方面也存在不足。

三 创新建议

一是积极对标优化营商环境国际标准。 在"制度型开放引领营商环境升级"的新阶段，各城市应对标国际高水平规则，例如世界银行正在酝酿的"宜商环境"指标体系以及 CPTPP 等区域性自贸协定在知识产权保护等方面的相关标准，力争建设国际一流的营商环境，依靠营商环境增强对全球高端要素的吸引力、助力塑造国际竞争新优势。

二是鼓励先行先试、压力测试，探索符合中国式现代化要求的营商环境体系。 当今世界面临数字化、绿色化、安全发展、创新发展等重大转型，我国各城市在优化营商环境过程中，在对标国际高水平规则的同时，要结合本地特色，着眼新业态新模式新平台，探索新型监管方式和服务模式，通过营商环境优化引导市场主体转型发展，这将为其他新兴经济体乃至发达国家解决类似问题提供中国经验和中国智慧。

三是持续完善中国特色的城市营商环境评价体系，并将评价结果纳入地方政府考核体系。 在世界银行"宜商环境"和国内各类营商环境评价体系的基础上，进一步优化中国特色的城市营商环境评价体系，变"政策文件评价"为"实施效果评价"，充分评估政策实际效果包括企业满意度等指标并将其纳入地方政府考核体系，探索引入第三方评价制度。

四是增强政策透明度，提升企业参与感。 优化营商环境不是政府部门"强推"给企业一些政策措施，而是在政府和市场各司其职、部门和企业充分交流、各类主体充分合作的基础上合力推进的改革过程。要探索实施重大涉企政策听证制度，进一步规范各部门出台政策之前面向企业和社会公众征求意见流程，必要时召开听证会，增强相关政策透明度和可操作性。鼓励各地发布"优化营商环境政策指南"，建立"优化营商环境政策数据库"，出台实施细则（包括相关政策应用条件、标准、流程、监督机制等），实现"政策统一查、标准透明化、申报无障碍、全程受监督"，并将企业满意度反馈纳入各部门考核体系。

二

城市创新实践

北京市

>>> 创新综述 <<<

2022年以来，北京市始终深入贯彻落实习近平总书记关于率先加大营商环境改革力度的指示精神和党中央、国务院决策部署，大力度高标准推动完成**优化营商环境5.0版改革**，顶格落实国家营商环境创新试点改革任务，把优化营商环境作为高效统筹疫情防控和经济社会发展、更大激发市场活力和社会创造力的重要抓手，持续降低制度性交易成本，为首都高质量发展提供有力支撑。

在商事制度改革方面，创新推出"一码通"服务，企业通过扫描营业执照上的二维码即可展示"一照多址"信息。**在招投标方面**，率先在房建、市政、交通等领域实现投标、评标、中标等环节全流程线上办理。**在市场主体准入方面**，率先实现包括个体工商户在内的全部市场主体跨部门"一网通办"。**在企业退出方面**，开展市场主体歇业备案，为400多个经营困难的市场主体提供缓冲性制度选择。**在工程项目审批方面**，在全市推广"区域评估+标准地+承诺制+政府配套服务"改革模式，以"标准+承诺"最大限度精简审批环节。**在数字经济方面**，率先推出国内自主可控、软硬件一体化的"长安链"，大力推动"长安链"在目录

BEI JING

链、电子印章等 605 个政务服务应用场景落地。**在知识产权方面**，建设北京知识产权交易中心，提供知识产权登记、定价、金融等一体化服务。**在跨境贸易方面**，推行出口货物"监管产装、抵港直装"模式，在北京陆港完成口岸和海关查验手续的出口货物，到达天津港后无需再次办理通关手续，即可装船离港。**在外籍人才服务方面**，搭建国内首个境外职业资格查验平台，对 110 项证书的真实性提供免费在线查验服务。**在监管执法方面**，建立健全风险监管、信用监管、分级分类监管、协同监管、科技监管、共治监管 6 项基本制度；推行一业一册（综合监管合规手册）、一业一单（联合检查单）、一业一查（联合检查）、一业一评（"风险＋信用"综合评价）4 项场景化措施。**在保护各类市场主体产权方面**，以"北京云法庭"庭审系统为应用核心，为当事人提供足不出户的"一站式"诉讼服务，实现既可在线视频庭审，又可直接上传、查看证据材料。

创新实践

试行市场主体登记确认制改革

一　举措内容

2022年8月北京市市场监管局印发了《中国（北京）自由贸易试验区市场主体登记确认制试行办法》专注发挥商事登记在降低交易成本、构建良好市场环境中的根本作用，不唯"快"，不唯"严"，探索打造市场主体登记确认制的"北京模式"，构建"以自主申报、信用承诺为基础，以形式审查、结果确认为准则，以信用监管、违诺惩戒为保障"的市场主体登记确认制服务模式，进一步提高市场准入服务便利化、规范化、标准化水平。

二　创新亮点

1

回归本源，突破改革理念

"核准登记"到"结果确认"，确认制回归了商事登记"记载信息""对外公示"的本源作用，强调主体责任，释放市场活力，是商事制度改革理念的重大突破，也是探索建立有效市场和有为政府的有益尝试。

2 自主申报，申请流程更便捷

一是一键提交、全程网办。 申请人可登录"e窗通"平台，在线填报、一键承诺、全面提交，完成确认制登记申请，无需提交纸质材料。登记机关通过北京市企业服务"e窗通"平台公布了登记材料清单、确认制承诺书等格式文本和章程等参考版式，供申请人下载、参考。

二是优化材料提交方式。 以线上提交承诺书的形式确认全体股东或董事、法定代表人关于办理登记事项的真实意思表示，将确认方式由传统的线下股东会、董事会会议决议升级为线上业务确认，优化过程性、自治性材料的提交方式，为申请人省时间、减压力，便利市场主体投资创业。

3 自主承诺，审查标准更简单

一是尊重市场，承诺采信。 申请人按照确认制标准填报材料，由市场主体最高权力机构和法定代表人签署承诺书，依法承诺所申报内容为真实意思表达，已按照法律法规和相关政策规定，履行必要法定程序，符合法定形式和要求。

二是形式审查，结果确认。 登记机关不再核查章程内容，不对申请材料进行实质审查，仅对是否属于登记范畴、是否属于本登记机关登记管辖范围、填报结果是否具有完整性、文件是否符合法定形式要求等内容进行审查。符合要求的，登记机关对主体资格和登记事项的结果予以确认，并通过企业信用信息公示系统进行公示。

4

自主承诺，审查标准更简单

一是强调发挥公示公信效力， 鼓励市场主体自主公示章程、实际生产经营场所、特色经营活动、非上市股份有限公司股东等事项，便利交易相对人、社会公众查询了解市场主体相关信息，引导市场主体诚信交易、规范经营。

二是严格实名登记规范要求， 市场主体登记与备案涉及的自然人应进行实名验证，从源头控制虚假登记等市场风险的发生。

三是依法开展失信违诺市场主体惩戒， 市场主体提交虚假材料或者采取其他欺诈手段隐瞒重要事实取得公司登记的，按照《公司法》《条例》等规定，依法予以处理，并通过企业信用信息公示系统予以公示。

三　创新成效

市场主体登记制度改革是"放管服"改革的先手棋。自9月1日市场主体登记确认制施行以来，北京市共有1.86万户企业通过确认制办理了登记业务，自贸区市场主体活力持续激发，改革成效初显。

以往的登记申请需要准备申请表、股东会决议、章程等文件，还要让股东、法定代表人在一系列文件上逐一签字后提交审查，过程和时间长。选择确认制办理登记的申请人，可通过提交承诺书的形式，省去提交股东会决议、董事会决议、股权转让协议和董事、监事、高管人员任职文件等过程性、自治性材料，最多一次可少提交5类文件。通过精简材料，确认制度改革不仅大幅减少申请前的材料准备时间，而且也减少了审查时间，全方位降低了市场主体登记的制度性交易成本，极大便利市场主体投资创业。

创新启迪

作为中国政治中心、文化中心、国际交往中心、科技创新中心，北京市坚持把优化营商环境作为加快政府职能转变、促进高质量发展的重要抓手，大力度高标准推动完成优化营商环境5.0版改革。北京在市场准入领域构建的以"自主申报、信用承诺为基础，以形式审查、结果确认为准则，以信用监管、违诺惩戒为保障"的市场主体登记确认制服务模式，减少的不仅仅是申请材料和审查时间，更是市场主体的制度性交易成本。更便利、更高效、更精细化和人性化的服务，也将大大激发首善之都的市场活力，为营造市场化、法治化、国际化一流营商环境贡献"北京经验"。

天津市

创新综述

　　天津市始终坚持把优化营商环境作为全市工作的重中之重，深入实施**优化营商环境三年行动**，推动简政放权更加深入，监管执法更加公正，政务服务更加优质，制度体系更加健全，营商环境持续改善，全力打造市场化、法治化、国际化一流营商环境。

　　区域壁垒破除方面。建立**中小企业扶持政策执行情况报告和公开制度**；支持先进制造业集群培育发展，制定印发**天津市培育先进制造业集群实施方案**；推动政府采购业务系统向区级延伸覆盖。市场机制改革方面。持续**优化企业开办流程**，企业开办时间压缩至1个工作日内；在天津自贸试验区试点探索市场主体登记确认制改革，推进**极简登记管理模式**；推广电子营业执照应用；**推进破产案件繁简分流**，提高破产案件审理效率；设立**天津破产法庭**，持续推进破产审判专业化。投资建设完善方面。通过"不动产登记一网通系统"实现**除在建工程抵押登记外的全部抵押登记业务可不见面网上办理**；布局**专利导航服务基地**，积极推动专利转化；打造**"津牌养老"品牌**，打造"一刻钟"居家养老服务圈。对外开放提升方面。降低进出口边境、单证审核平均耗时；

TIAN JIN

推进**"提前申报"业务模式改革**；推广**"船边直提"或"出口抵港直装"模式**，进口集装箱货物实施"船边直提"作业峰值比超过 35%；推动邮轮旅客信息申报、进口检验检疫、联合登临检查等功能应用。监管体制创新方面。建立完善**证券纠纷多元化解机制**；天津市"双随机、一公开"监管工作平台正式上线运行；研究构建本市企业信用风险分类指标；实行**市场监管领域信用修复网上办理**，有效提升信用修复效率；积极推进"慧治网约车"应用场景，创新网约车监管执法手段。涉企服务优化方面。全面实行**行政许可事项清单管理**；推进市政务服务中心综合窗口改革；持续推进"跨省通办"扩大范围；实现更多税费种合并申报；压减用电报装时间；推进**智慧供水和智慧燃气**服务；加大对守信企业融资支持力度；将人才"绿卡"全面升级为"**海河英才**"卡。

创新实践

创新服务、集成发力，不断提升政务服务便利化水平

一　举措内容

天津市持续优化政务服务环境，坚持目标导向、问题导向、结果导向，加快推进政府职能转变，聚焦解决企业群众办事过程中遇到的难题，夯实事项清单基础，创新服务方式，优化办理流程，不断提升政务服务便利化水平，为企业群众提供便捷高效服务。

二　创新亮点

1　夯实政务服务标准化建设。

深入落实国家关于推进审批服务标准化的部署要求，自上而下梳理编制全市统一的政务服务事项目录，建立"**天津市政务一网通平台事项库管理系统**"，运用事项库系统加强动态管理。

以事项标准化为基础，制定《行政许可服务中心服务规范》《行政许可服务中心运行基本规范》《天津市行政许可事项操作规程总则》三类地方标准，构建覆盖全事项、全过程、全环节的政务服务标准体系。

2 创新多种承诺制办理方式。

全面开展政务服务承诺制改革，公布 565 项适用承诺制的政务服务事项，采用多种方式共同推进。

> 深入开展**"减证便民"**，推行证明事项告知承诺，明确使用范围、适用对象、工作流程、核查监管等内容。

> 实施**"证照分离"**改革涉企经营许可事项告知承诺，对企业自愿作出承诺并按要求提交材料的，当场做出审批决定。

> 实行**信用承诺审批**。对适用信用承诺的申请材料，只要向行政机关作出自承诺之日起 60 日内补齐该申请材料并符合法定形式的书面承诺即可办理。

3 打出优化服务组合拳。

以"数据多跑路、群众少跑腿"为目标，实行**"马上办、就近办、网上办、一次办、零跑动"**，其中："马上办"事项，即来即办、立等可取；"就近办"事项，可以做到就近可办；"网上办"事项，负面清单之外的政务服务事项均可网上办理；"一次办"事项，负面清单之外的政务服务事项均实现"最多跑一次"；"零跑动"事项，申请人可以不到特定场所，通过互联网、微信公众号、快递邮寄等方式即可申请办理并取得结果。推行**惠企政策"免申即享"**，符合条件的企业群众免予申报、直接享受政策。

4 综合窗口服务和一件事服务双措并用。

天津市政务服务中心实行综合窗口改革，按照**"前台综合接件，中台业务支撑，后台受理审批，统一窗口出件"的模式**，开展一窗对外的综合服务。同时推行**"一件事一次办"**，围绕企业从开办到注销、个人从出生到身后的高频事项，强化部门间业务协同、系统联通和数据共享，将相关联的政务服务事项集成化办理，实现"一件事一次办"。

三 创新成效

1 政务服务运行更加规范。

天津已连续9年发布全市政务服务事项目录年度版本，包含市、区、乡镇（街道）三个层级的政务服务事项，全市同一事项同一标准。从事项名称、设定依据、申请条件、申请材料、审查标准、办理程序和办结时限等96个要素，编制3508个标准化操作规程，让企业群众对"怎么办"和"能否办成"做到心中有数。2022年，在全国首批印发行政许可事项清单。

2 政务服务办事效率大幅提升。

实行涉企经营许可事项告知承诺，最大限度精简申请材料和审批环节，以审管"加法"赢得企业群众办事的"减法"。今年以来，全市办理"证照分离"改革涉企经营许可事项告知承诺2.2万件。信用承诺审批使申请人尽快取得审批结果，缩减办理审批成本，同时将"容缺受理"机制作为承诺制补充，行政机关提前指导，并行审核，边审边补，审批效率大幅提升，承诺时限压缩比达到82%。

3 企业群众点菜供给更加多样化。

1051个市级事项进驻市政务服务中心综合窗口，实行无差别的统一集中服务。推出首批23项"一件事一次办"场景。从政府端菜到群众点菜，企业群众不仅可在综合窗口单点菜品，而且还可点选"一件事"套餐服务，实现政务服务多样化供给。

创新启迪

瞄准"一基地三区"，即全国先进制造研发基地、北方国际航运核心区、金融创新运营示范区、改革开放先行区的定位目标，天津市正加快构建与国际通行规则相衔接的制度体系。通过夯实政务服务标准化建设，构建覆盖全事项、全过程、全环节的政务服务标准体系，创新多种承诺制办理方式，深入开展"减证便民"行动，推行"证照分离""综合窗口""一件事一次办"等事项改革，进一步推动政务服务由"能办"向"好办"转变。这一系列提升政务服务便利化水平的新举措，不仅提升了企业群众的获得感和满意度，也为天津全面建设社会主义现代化大都市增添了动力、注入了活力。

上海市

>>> 创新综述 <<<

上海市认真贯彻落实党中央、国务院推进优化营商环境工作的重要指示，聚焦企业关切，瞄准最高标准、最高水平，努力打造市场化、法治化、国际化的一流营商环境。全面落实《优化营商环境条例》，审议通过**《上海市优化营商环境条例》**（以下简称《条例》），开展专项监督，陆续出台**《上海市促进中小企业发展条例》《上海市外商投资条例》《上海市知识产权保护条例》**等地方法规，并专门出台**《关于加强浦东新区高水平改革开放法治保障制定浦东新区法规的决定》**，进一步夯实营商环境法治体系。

2022年，上海市连续第五年出台全市**优化营商环境行动方案**，第五次在年初伊始召开**全市营商环境大会**。市委、市政府主要领导挂帅协调，全市形成了**专班推动、市区联动、协同高效**的工作机制，不断创新服务、优化监管、加强法治，取得重要进展。主要表现在：**政务服务便利化进一步提升**。加强信息共享，政府办事流程实现革命性再造，"一网通办"已打造成为上海营商环境金字招牌。利用大数据等新技术赋能，从企业办事、政府监管到政务服务、企业服务等绝大部分事项实现全流程数字化"质"的

SHANG HAI

飞跃。**市场环境开放性、规范化进一步显现。**市场准入退出相关制度持续完善，市场准入准营便利、资源要素平等获取、市场出清有序高效、知识产权保护更加到位。**监管公平性、审慎性进一步加强。**宽进与严管相结合，在推进企业经营自主便利的同时，着力加强事中事后监管，市场秩序和公平竞争等效果持续显现。**营商环境法治化保障进一步健全。**坚持法治思维引领，着力完善营商环境法治体系，各部门更加注重发挥法治在营商环境建设中的规范和保障作用。**营商环境国际化水平进一步提高。**以世行营商环境对标改革为突破，助力中国国际排名大幅提升。各重点区域大胆试、主动改，推出了一系列先行先试优化营商环境改革措施，示范引领作用充分发挥。上海以贯彻落实《优化营商环境条例》为指引，营商环境建设取得积极进展。在最近的国家营商环境评价中，上海排名居全国第一。在国务院办公厅委托中央党校组织的全国电子政务评价、工信部组织的全国中小企业营商环境评价、全国工商联组织的万家民企评营商环境等权威评价中，上海都稳居前列。

创新实践

虹口区构建"政企交流、企企对接"新型服务平台

一、举措内容

为持续深化企业服务内涵、不断提升服务"软实力",上海市虹口区推出**"企航北外滩"**特色服务品牌,举办了一系列主题活动,由区政府主要领导带头走访企业、邀请企业家漫步滨江、共话合作发展,帮助不同类型的企业实现"跨界合作"、产业上下游企业实现"精准对接",着力构建**"政企交流、企企对接"的新型服务平台**,让更多企业走进虹口、了解虹口、爱上虹口。

二、创新亮点

1. 跨前一步、提前谋划。

以区领导四套班子领导同志、各相关部门为主体,以"立即启动、直面问题、注重时效、多种方式"为原则,对重点企业、潜力企业、中小微企业、以及楼宇(园区)进行走访。

2. 完善机制，注重效率。

制定了"一套解决问题机制"，对企业提出的具体问题，能够解决的问题应当第一时间予以解决，做到"日清日结"。

对一时无法解决的问题，由区领导不定期召开专班会议，推进多部门共同协调落实，做到件件有回应，事事有落实。

3. 组团上门，贴心服务。

区四套班子领导率先垂范，带头走访区内企业，各产业部门、分中心、国企形成联合服务网络，上下齐心、无缝衔接，主动送服务上门、送政策上门。

4. 直面问题，多措并举。

为有效解决企业各类问题诉求，开通"虹口区企业问题诉求线上办理系统"，着力为中小微企业纾难解困。同时针对企业的共性问题，推出"企航北外滩——助企纾困、全力以'复'"线上系列专题活动。

5. 加大宣传，增强信心。

制作了"一本工作手册"，明确领导检查走访企业疫情防控落实情况的重点内容。

宣传市区两级相关助企纾困扶持政策和虹口区各类惠企政策和服务措施。

着重推介"虹口区重点企业回家三年行动计划",提振企业发展信心,夯实楼宇经济发展基础,促进产业不断集聚。

三 创新成效

1

针对多家企业特别关心的税务、社保、助企政策等问题,则联合区税务局、人社局、发改委、国资委等部门推出"企航北外滩——助企纾困、全力以'复'"系列服务专场活动。包括,"虹口区抗疫情助企业促发展实施办法线上解读专场","虹口区援企稳岗就业人社专场线上交流会"等,目前已举办了10余场线上活动,超过1500家企业参加。

2

针对重点企业提出的多项问题,则联合各部门开展上门服务。如上海家化在走访过程中提出电子发票、稳岗补贴、企业发展等多个方面诉求。区投促办、税务局、人社局、商务委等多个部门第一时间组成服务团队,上门为企业指导解决。目前,企业已获批纳入上海市第八批全电票试点名单,并收到40多万元稳岗补助,涉及人数600余人。此外,随着北外滩加速发展，越来越多的高品质写字楼建成并投入使用，多家企业提出希望能找到合适的办公场地，回归虹口。针对企业需求，为企业提供载体保障，启动"引导重点企业"回家三年行动计划，推出"人才、就医、子女教育、政策服务、一对一帮办"等8大服务举措。为企业提供从楼宇推荐、场地选址、回搬手续再到日常经营的"全过程周期服务"。计划启动以来，已有一批行业龙头选择回归北外滩。优质企业的集聚，也推进楼宇经济体量不断提升，今年上半年全区亿元楼已达23幢。值得一提的是，北外滩还诞生了月亿楼—白玉兰广场，全年税收有望突破20亿元，上半年区级税收同比增加100.21%，单位面积区级产出同比增加95.4%。

创新启迪

作为中国最大的经济中心和重要的国际金融中心城市，上海以市场主体获得感为评价标准，致力于打造国内顶级、国际一流营商环境。虹口区"企航北外滩"特色服务品牌，构建了一个"政企交流、企企对接"新型服务平台。四套班子领导、各相关部门"组团上门，贴心服务"，对企业提出的具体问题做到"件件有回应，事事有落实"，为企业全方位、全过程切实解决问题，展现出上海在打造服务政府、效能政府上表率全国的决心。一系列为企业纾难解困的暖心举措，让企业感受到来自政府的"温度"，也让更多优质企业愿意走进上海、了解上海、选择上海。

重庆市

>>> 创新综述 <<<

重庆市坚持高目标引领、高标准推进，出台营商环境创新试点实施方案，构建"1个总体方案+100个专项方案"的制度体系，完善统筹调度、宣传培训、督查考核等工作机制，多措并举推动改革举措落到实处。截至目前，各部门制定配套政策240余个，开展分级分层调度千余次，100项首批改革事项全面取得阶段性成果，68项改革举措获国家有关部委认可。各类市场主体创新创业活力充分激发，企业群众获得感、幸福感和安全感不断提升。

2022年，重庆市优化营商环境相关举措不断创新。**主动破除区域壁垒。**推进"一照多址"改革，减少分支机构办理营业执照2600余个；推进招投标全流程电子化改革，率先在省级层面实现招投标领域数字证书兼容互认；推动成渝地区双城经济圈建设，实现311项高频政务服务事项"川渝通办"和20项电子证照互认共享。**加速推进市场机制改革。**拓展企业开办"一网通办"业务范围，新增社保登记延伸服务功能；推行企业年度报告"多报合一"改革，年报率达93.8%；创新公平竞争审查第三方评估机

CHONG QING

制。**提升投资建设便利度。**创新推出"技审分离、平面审批"改革，简化优化政府投资项目审批程序；完善工程建设项目联合验收制度，全面实施联合验收"一口受理"；全面推行试行分阶段整合相关测绘测量事项，工程建设项目测绘事项整合为 4 项，要件材料减少 24 个。**大力提升对外开放水平。**开展跨境贸易全链条改革，物流整体时效提升 40% 以上；建成国际贸易"单一窗口"西部陆海新通道平台；加强铁路与海关信息系统数据共享，试点中欧班列（成渝）进出口双向快通。**积极创新监管体制。**获批设立成渝金融法院并落户重庆，为打造西部金融中心提供有力支撑；探索形成市场主体全生命周期监管链，推动"双随机、一公开"监管和信用监管深度融合。**全面优化企业相关服务。**建成"信易贷·渝惠融"信用信息数字金融平台，推动涉企数据全面归集、融资服务全域覆盖、银企对接全网通办；持续扩大"多税合一"的应用场景，推出"十七税"合并申报。

创新实践

打破"信息孤岛"、搭建"信息金桥"，助力中小微企业融资

一　举措内容

为进一步打通政银企信息壁垒，发挥信用数据价值，助力中小微企业融资，重庆市**打造信用助力普惠金融的数据总台、应用总控、服务总窗——"信易贷·渝惠融"平台**，推动涉企数据全面归集、融资服务全域覆盖、银企对接全网通办，切实缓解中小微企业缺乏有效抵质押资产、银企信息不对称的问题，提升全市中小微企业贷款可获得性。

二　创新亮点

1. 上下联动横向联通，建设"一张网"的数据总台

2022年3月，重庆市建成并上线"信易贷·渝惠融"平台。归集整合各类涉企信用信息并依法与其他政务融资平台、金融机构共享数据，实现全市"一张网"归集信用数据，"一揽子"提供信息共享服务。

（1）数据全联通

平台向上接入国家信用融资综合服务平台，实现司法判决与执行等信息跨省调用；横向打通50余个市级部门和单位，向下打通2000余个区县行政部门，实现信息全量归集。

（2）主体全覆盖

国家要求的信用信息已全面归集，并创新归集特色涉农信用信息，覆盖全市100万企业、200万个体工商户和3000万自然人。

（3）银行全通达

联通全市1000余个普惠金融专营分支行；向入驻银行全量开放信用信息，包括参保等非公开信用信息，提供信用报告下载等公益性服务，降低银行信用信息获取成本。

2. 数据赋能场景撬动，集成"看得见"的应用总控

深挖信用数据价值，"信易贷·渝惠融"平台已满足授权查询、融资授信、风险跟踪等应用场景。

（1）数据可查

市场主体可一键查询自身信用报告。入驻银行经授权可免费查询主体信用信息，已提供查询服务超11万次。

（2）资金可融

企业可向全市任一中资商业银行在线发起融资需求。同时，平台与银行以产业链为载体，以乡村振兴为指向，创新开发多种产业融资产品，提高中小微市场主体与金融产品匹配度。

（3）风险可控

与银行共建融资风险准入模型，贷前预判客户资质，提高效率；开发贷后管理模型，为入驻银行免费提供监测提醒等服务，全程辅助金融机构控制贷款风险。

3. 指尖办理智能反馈，打造"不跑腿"的服务总窗

应用"重庆信易贷"APP、"重庆信易贷平台"微信小程序、"信用重庆"微信公众号、"渝快办"4个线上融资入口，打造优质融资服务窗口。

（1）申请有额度
平台与7家银行共建预授信模型，用户可快速知悉预授信额度并按需提交融资申请。

（2）办理有时效
1个工作日内派单至信贷员、10个工作日内完成授信流程。

（3）拒单有原因
贷款进度及未通过原因通过平台和短信实时反馈给企业。

（4）服务有监管
开设服务热线受理用户投诉及建议，平台服务回访好评率97%以上，通报整改率100%。

三 创新成效

2022年省市级信用信息共享平台和信用门户网站观摩会中，"信易贷·渝惠融"平台位列全国第二，荣获2022年度"全国中小微企业融资信用服务示范平台"称号。

1 ▶ 银行提质升效

银行通过平台能满足90%的企业信息查询需求，贷前评估时间压缩60%以上；共建准入模型，进行智能筛选，授信通过率从10%提升至28%。

2 ▶ 平台金融创新

（1）提供"链群式"产业金融服务。

与银行共同开发"五金贷""花椒贷""融合创新贷"等产业创新金融产品，分层分类分产业链推送给银行，银行集中攻坚提供"链群式"产业金融服务，部分专区通过率高达 65.4%。

（2）聚焦"三农"创新融资。

归集逾 11 万家涉农经营主体注册登记、资质资格、行政管理、社保缴纳、不动产、农业保险、信用奖惩、检验检疫等基础信用信息，特别是归集保险担保、劳务用工、土地流转等助力融资的特色农业数据；应用特色涉农信用信息，结合重庆农业产业特色，开发创新型融资产品，累计授信超亿元。

创新启迪

聚焦长江上游地区经济中心、国家重要先进制造业中心、西部金融中心等定位，重庆以高标准、实干精神推动营商环境持续优化。重庆打造的"信易贷·渝惠融"平台在挖掘信用数据价值、解决银企信息不对称问题上进行创新突破，以科技手段保障信用金融创新应用高效落地。同时，基于该平台的"链群式"产业金融服务及特色"三农"融资产品等金融产品和衍生品创新，切实缓解了中小微企业融资难题。作为国内首批营商环境创新试点城市，重庆形成的"数据全联通、主体全覆盖、银行全通达"，"数据可查、资金可融、风险可控"的金融服务模式值得借鉴推广，将对各类市场主体创新发展提供有力支持。

石家庄市

>>> 创新综述 <<<

2022年是石家庄市实现经济总量过万亿，弯道超车的支撑之年、关键之年。石家庄市委、市政府统一安排部署，聚焦目标导向，强化主体责任，大力推进营商环境建设，提高地区经济软实力和综合竞争力。

2022年度，石家庄市营商环境创新举措主要体现在以下方面：**推行"智能AI审批"改革**，进一步压缩审批时限，提高审批效率，提供"无人工干预智能审批"服务；**在全市药品零售连锁企业开展"一证多址"改革**，总部办理相关许可后，新开门店不需再重复办理；实行市场监管领域相关部门联合"双随机、一公开"，推动新型监管全覆盖、常态化；**推行失业保险稳岗返还"免申即享"经办模式**，运用信息化手段精准找、主动送，确保政策快落地、企业早受益；**创新建立新型职业农民职称评定制度**，激发广大农村人才的创新创造活力；汇聚各部门、领域公共服务资源，**构建统一移动服务平台，打通跨系统信息壁垒**，实现网络互联、用户统一、数据共享、业务协同；**建设智慧税务服务网点**，部署自助办税缴费终端，打造"远程帮办"，线上办理、线下协助办理，提

SHI JIA ZHUANG

供双向实时互联互通咨询服务；**放宽外商投资准入**，落实外商投资准入前国民待遇+负面清单制度，建立重点外商投资企业联系服务机制，吸引更多外国投资者在石家庄设立外资企业和跨国公司总部；**建立完善"水电气热信"报装联合受理新模式**，实现不动产登记与"水气热"过户联动办理；制定《**关于建立完善技术经纪服务体系 促进科技成果转化的实施方案**》，建设技术经纪服务机构，完善科技成果转化供需对接信息服务平台，培养、壮大技术经纪人队伍，建立和完善科技成果转化技术经纪服务体系。石家庄市以"优化营商环境永远在路上"为己任，动真碰硬、久久为功，打造市场化、法治化、国际化的一流营商环境，加快建设现代化、国际化美丽省会城市。

创新实践

推行"智能 AI 审批"改革，提供"无人工干预智能审批"服务

一　举措内容

为进一步压缩审批时限，提高审批效率，石家庄市在不同领域进行智能审批探索，推行"智能 AI 审批"改革，将人工审核审批变为系统智能研判后自动做出审批决定，**实现"人脑审批"向"电脑审批"转变。**

二　创新亮点

探索 AI 智能审批新模式，精细化梳理事项审批过程中的情形、材料、审查规则等关键元素，智能识别系统中上传的各类证照、材料等中的文字信息，进行智能比对，自动研判并输出结果。

提交材料：
申请人可通过政务服务线上网厅或线下大厅以及智能终端设备，三种方式提交申报材料。

线上预审：

材料提交后，由智能 AI 审批系统对申请人提交的申请材料进行自动形式审查，系统通过调用 OCR 服务能力与智能算法引擎，自动抓取审批材料中的关键数据和信息，并进行针对性提取对比核验，核验通过后即可获取审批结果，审批结果"立等可取"。

材料复核：

针对复杂事项，当申请材料完成线上预审后，系统将申报材料推送至相关审批人员，审批人员可以对申请材料进行复核。

与传统人工审批相比，AI 智能审批具备更多优势：

1 表单信息快捷可靠

通过调取部门共享信息，实现表单智能填充，具有信息安全、数据溯源、可信共识的特性，且极大地提高办事效率。

2 效率提升从申报端向审批端延伸

以往的政务服务优化主要集中在申报端，智能审批则在审批端进行了提速，减少大量人工重复性工作，提高审批效率，缩短群众办事时间。

3. 提高基层行政审批能力

智能审批实现了审批标准统一、规范，减少了人工重复性工作，为更好推行省市县乡村政务服务系统提供了技术支撑。

例如

石家庄市藁城区探索开展了**企业开办 AI 极速审批和智能督办系统**。根据审查要点数量，几十秒到两分钟即可出具企业开办审核结果，实现无人工干预，高效、便捷、快速的系统自动审核，为申请人提供"365 天 ×24 小时"不间断全天候审批服务。藁城区 13 个乡镇综合服务中心大厅均设置了显示屏，"智能提醒督办系统"将所有市场主体提交申请时间和审批办结用时及时公示，提交 20 分钟后没有处理，系统将自动标红，方便工作人员及时认领各自负责的业务。企业开办实现"零见面、零跑腿、零干预"。

教师资格现场认定一年两次，具有人流量大、阶段性、集中性的特点，石家庄市鹿泉区作为**全省首个试点，"教资认定系统 + 智能 AI 审批系统 + 快递代办系统"无缝衔接**，三系统融合实现全流程自动化。智能 AI 审批替代传统现场人工核查和资料认证；现场体检实现数据联动，体检结论无需自取；同时无缝衔接邮政 EMS 系统实现证件的即时寄送，真正做到全流程服务。

三 创新成效

1. 目前石家庄市已经在多个领域实现智能审批或 AI 辅助审批，已将公共场所卫生许可延期、公共场所卫生许可注销、教师资格认证等涉及企业和个人的多个事项作为 AI 智能审批试点事项先行上线，事项审批时间缩短为"零等待"。

2. 藁城区自 8 月 15 日 AI 极速审批系统上线以来，已完成数百家企业开办智能审批，有力促进了优质企业、优质项目的快速落地。

3. 2022 年上半年，鹿泉区教资认定网报 1271 人，通过认定 1231 人，其中线上完成认定 1061 人，线上认定率达 86%，实现了"不见面、少跑腿、快办事"，群众普遍反映方便高效，在方便办事群众的同时，也大幅减少了人员密集带来的疫情防控压力，起到了事半功倍的效果。

创新启迪

作为我国京津冀地区重要中心城市，也是全国重要的商品集散地和北方重要的大商埠、全国性商贸会展中心城市，石家庄对标国内外先进水平，推行的"店小二""妈妈式"营商服务旨在加快城市现代化进程。本年度推进的"智能审批"改革以人工智能技术为行政审批提质增效，在多个领域实现了审批结果"立等可取"，而"必要时可引入人工复核"则进一步保障了审批的严谨与安全。同时，"智能提醒督办系统"让审批办结服务实现"不见面、少跑腿、快办事"，全面提升了审批便捷度，更好助力石家庄实现打造投资洼地、兴业沃土的发展目标。

太原市

>>> 创新综述 <<<

太原市积极应对需求收缩、供给冲击、预期减弱和多轮疫情冲击"四重压力"，系统推进简政放权、放管结合、优化服务、要素保障等改革，推动政策应出尽出、优惠应享尽享，以营商环境的持续优化，助推经济高质量发展。

2022年度，太原市营商环境创新举措主要集中在以下方面：建立前台"一口受理、一口出件"、后台"共享材料、集成联办"的**"受审分离"工作模式**，"一窗通办"跑一次，"一网通办"不用跑，"同城通办"同质办，"功能齐全"自助办，全时"不打烊"随时办，全面推行"我来帮忙办"，打造**"7×24小时自助办+中午不断档+周末不打烊"**高品质政务服务超市；推出**营业执照"异地互发"自助终端**，实现与晋中、忻州市场主体登记"跨市通办"；将供水供电供气供暖等公用事业的投资界面从公共管网延伸至用户建筑区划红线，**用户不承担建筑区划红线外发生的任何费用**；将企业投资项目承诺制改革实施范围**从备案类项目扩大到核准类项目**，对新建工业项目先行完成区域评价、先行设定控制指标，并实现项目动工开发所必需的通水、通电、通路、土地平整等基本

TAI YUAN

条件，真正做到**净地出让"拿地即开工"**；为企业提供从营业执照办理到立项、规划、建设、竣工验收的**全流程"保姆式"帮办代办服务**，推行**"全代建"**，促进项目快速落地；创新实行**施工许可证分阶段发放**，实行联合评审服务，深化"联合验收"改革，实现**工程建设项目审批"312809"改革**目标：政府投资工程项目从立项到竣工验收全流程审批时限压减至 31 个工作日，社会投资项目全流程审批时限压减至 28 个工作日，社会投资简易低风险项目全流程审批时限压减至 9 个工作日。通过一系列优化提升，太原市努力打造出高质量**"无差别、无障碍、无后顾之忧""可预期、可信赖、可发展"**的营商环境。

创新实践

"全代办"跑出工程建设项目审批"加速度"

一　举措内容

为提升投资项目建设效率，推动经济高质量发展，太原市实施高品质政府统一服务，创新推行**"承诺制＋模拟审批＋全代办"工作机制**，为项目建设提供"审批最简、流程最优、跑动最少"的审批服务，跑出工程建设项目审批"加速度"。

二　创新亮点

1 统一服务全覆盖。

将供水供电供气供暖等公用事业的投资界面从公共管网延伸至用户建筑区划红线，**用户不承担建筑区划红线外发生的任何费用。**

将原由企业自费办理的移除改造、评估评审等 14 个事项，调整为**政府提供免费统一服务。**

2 审批过程全承诺。

深化投资项目承诺制改革，政府统一服务后，**建设单位不再申办**项目涉及的占用农业灌排水源、灌排设施审批、树木移植审批、建设工程文物保护和考古许可等审批事项。

项目涉及的洪水影响评价审批、生产建设项目水土保持方案审批、取水许可批准、建设项目环境影响评价审批、节能评估审查等审批事项改为**由建设单位承诺后审批服务部门即时办理**。

3 模拟审批零前置。

对符合产业发展需求，投资主体已明确，但尚未取得项目土地使用权的投资项目，融合容缺后补、告知承诺等多项举措，**后置审批服务提前介入**，同步对项目立项（含项目备案、核准及可行性研究报告）、节能审查、规划设计方案审查和规划许可、水土保持方案、建设项目环境影响评价审查、水环境影响评价、临时占用城市绿地、消防设计审核、防雷装置设计审核、挖掘城市道路等进行并联审核审查，出具"**模拟审批**"意见。

项目主体完成土地出让或划拨，补充完善有关资料并按规定缴纳各项规费后，在规定时间内将**模拟审批文件转换为正式审批文件**。

4　联合审批同步办。

充分释放"一枚印章管审批"改革红利，实行人防报建审批与规划设计方案、质量安全登记与施工许可、招标方案核准与立项、水土保持方案防洪影响评价与水资源论证报告**合并办理**的方式减少审批事项。

水、电、气、热管线接入方案与规划设计方案同步审查**同步办理**，消防技术审核单位在规划设计方案审定后**提前介入**，实现主要审批事项紧密**无缝衔接**。

房屋建筑工程分"基坑支护和土方开挖"和"主体施工"两个阶段核发施工许可证，大幅缩短了施工许可办理周期。改革联合验收工作制度，**"一口受理、统一勘验、限时办结"**，项目验收时限压缩至7个工作日，对已满足使用功能的单位工程可采用**单独竣工验收**方式，单位工程验收合格后，可单独投入使用。

5　帮办代办全代建。

太原市各级政务服务中心均设立投资项目帮代办窗口，推行**"我来帮忙办"服务**。市县两级审批部门全部组建**涉企审批服务专家团队**，为投资项目审批提供零距离咨询辅导服务。

在项目前期开展免费高效政府统一服务的基础上，制定**全代办清单及流程图**，为企业提供从营业执照办理到立项、规划、建设、竣工验收的**全流程"保姆式"帮办代办服务**，线下"一站式"包办、线上"不见面"帮办。在中北高新区推行**"全代建"**，促进项目快速落地。

三 创新成效

通过系统改革，除涉及企业自主决策办理的项目备案、规划以及涉及项目安全的国安、消防审批事项外，施工前的主要审批事项全部实现承诺制办理，政府不再事前审批，变先批后建为先建后验，高品质"全代办"为项目建设提供了个性化精准服务，**实现项目审批"312809"改革目标：**政府投资工程项目从立项到竣工验收全流程审批时限压减至31个工作日，社会投资项目全流程审批时限压减至28个工作日，社会投资简易低风险项目全流程审批时限压减至9个工作日。大幅压缩了建设单位的时间和经济成本。

> **创新启迪**
>
> 为加快建设国家区域中心城市，太原市对标国内外一流先进和最佳实践，全面推进营商环境综合改革和全方位创新提升。太原市创新推行的"承诺制＋模拟审批＋全代办"工作机制，为市场主体项目建设提供了"审批最简、流程最优、跑动最少"的审批服务，实现"统一服务全覆盖、审批过程全承诺、模拟审批零前置、联合审批同步办、帮办代办全代建"。这一机制大幅节省了建设单位的时间和经济成本，进一步提高了企业投资主体地位，助力优良项目快速推进，让企业真切感受到太原营商环境"三无""三可"的内涵。

呼和浩特市

>>> 创新综述 <<<

2022年，呼和浩特市提出提升首府功能、优化发展环境、率先实现高质量发展的目标，将优化营商环境作为推动高质量发展的关键支撑，持续打造"**办事不求人、投资很舒心**"的市场化、法治化、国际化营商环境，通过印发《**呼和浩特市人民政府关于印发呼和浩特市以更优营商环境服务市场主体实施方案的通知**》（呼政字〔2022〕168号）提出236项提升举措，截至2022年11月已完成65%以上。

2022年度，呼和浩特市营商环境创新举措主要集中在以下方面：在**工程建设方面**，积极探索工业项目"**拿地即开工**"审批新模式，通过审批工作前移，采取告知承诺制等形式，成功实现项目在签订国有土地使用权出让合同后，1个工作日内取得国有建设用地使用权出让合同、建设用地规划许可证、不动产权证书、建设工程规划许可证和建筑工程施工许可证，达到"**五证联发**"；在**产权登记方面**，大力推进"**交房即交证**"，聚焦新建商品房"住权与产权不同步"问题，对办理登记前的批建、施工和竣工验收等环节进行了全面优化整合，真正实现群众**交房和拿证零时差、零等待**的"无缝衔接"。在**招投标改革方面**，构建"**综合监管＋行业监**

HU HE HAO TE

督+三方见证"的公共资源交易领域协同监管模式，深入推进跨区域远程异地评标，探索评定分离改革，不断提升公共资源交易服务质效。在**公共服务保障方面**，通过强化电网建设提高供电可靠性，通过压减时限实现**高效办电**，通过降低成本实现**舒心用电**。在**税收申报方面**，在全国率先实现了**全面取消税收管理员固定管户制度**，实行**一站式税费服务**。在**知识产权保护方面**，搭建**知识产权一站式公共服务平台**，实现知识产权创造能力不断增强、运用能力显著提升，2022年8月4日呼和浩特市入选国家知识产权局公布的**首批国家知识产权强市建设试点城市**。在**人才服务方面**，打造**人社业务"一网通办"**，提供高校毕业生租购房补贴申请、各项社会保险查询、失业保险金申领、社会保障卡申领及挂失、企业职工退休申请、养老关系转移等个人业务，及**"退休一件事、身后一件事"打包办理**，拓展劳动用工备案、就业失业登记和社会保险登记"三项业务协同"，由原来的线下跑三趟变为线上一次打包办，真正做到"三口合一"、化繁为简。

创新实践

聚焦创造、保护和运用，提升知识产权全链条服务水平

一　举措内容

呼和浩特市始终把知识产权创造、保护和运用作为优化营商环境、助推高质量发展的重要支撑，从组织、政策、宣传各方面发力，鼓励创新、强化保护、促进运用。成立了**知识产权工作领导小组**，统筹全市知识产权工作；出台了系列政策措施，知识产权政策体系进一步完善；建立健全**知识产权纠纷多元化解机构**，知识产权大保护、严保护、快保护、同保护格局初步形成；搭建**知识产权一站式公共服务平台**，知识产权公共服务水平进一步提升。2022年呼和浩特市入选国家知识产权强市建设试点城市。

二　创新亮点

1

强化"组织保障"，成立知识产权工作领导小组

将知识产权工作纳入全市重要议事日程，成立了由市长任组长、31个相关部门协调配合的**知识产权工作领导小组**，并将知识产权工作开展情况作为一项重要指标，纳入地区年度绩效考核范围。

2 完善政策体系，激发知识产权创新创造活力

近年来制定出台了1个《规划》、1个《办法》和3个《实施方案》（《呼和浩特市"十四五"知识产权保护和运用规划》，《呼和浩特市知识产权资助及奖励办法》，《呼和浩特市创建知识产权强市实施方案》《呼和浩特市科技创新三年行动方案（2021—2023）》《呼和浩特市强化知识产权保护实施方案》），从知识产权总体规划、战略实施方案、专项政策支持等多方面构建起完善的政策保障体系，有效激发了知识产权创新创造活力。

3 知识产权纠纷多元化解，构建大保护工作格局

围绕落实好习近平总书记提出的"要强化知识产权全链条保护""构建大保护工作格局"等要求，成立"1心、1会、1院"，即知识产权保护中心、知识产权纠纷人民调解委员会、知识产权仲裁院。并在市检察院成立了知识产权检察办公室，市中级人民法院开设专项法庭，**知识产权纠纷多元化解工作体系**基本形成。按照不同行业、领域，组建了市场监管、公安、新闻出版、文化市场等多支行政执法队伍，开展跨区域、跨部门知识产权保护专项行动，形成了"大保护、严保护、快保护、同保护"的多部门联合执法机制。

4
全面提升便利化服务水平，促进知识产权运用发展

聚焦便利化、规范化、标准化，不断完善知识产权公共服务体系，提升知识产权运用水平。一是"**建平台**"，投入1600多万元，建成呼和浩特市知识产权公共服务平台和北方知识产权大数据中心；二是"**设窗口**"，开设商标业务受理窗口，采用"互联网+政务服务"模式，实现了"零见面"初审和"最多跑一次"领证，不断提升服务效能；三是"**优服务**"，围绕知识产权的创造、保护、运用，共梳理18条公共服务事项，全部向全社会公开发布。

三、创新成效

1 知识产权创造能力不断增强。

呼和浩特市的专利授权量、有效发明专利、万人有效发明专利拥有量，商标申请量、注册量、有效注册总量等主要知识产权指标均居自治区首位。截至2022年9月，我市商标有效注册量90272件，有效发明专利为3721件，万人有效发明专利拥有量10.64件。

2 知识产权运用能力显著提升。

近年来共办理商标质权登记受理44件，涉及出资商标492枚，担保债权数额共计4.8724亿元；专利质押125笔，质押金额21.7亿元。

3 知识产权保护社会满意度逐年提高。

近年来共查处侵权假冒案件 200 余件、罚没款 300 余万元，社会满意度逐年提高。呼市市场监管局（知识产权局）荣获 2021 年度全国知识产权和公安机关知识产权保护工作成绩突出集体。

4 知识产权便利化服务水平显著增强。

建成集知识产权全链条服务于一体的"知识产权公共服务平台和北方知识产权大数据中心"，22 个业务系统、1.6 亿件大数据资源，实现了知识产权服务一站式办理，平台已有正式注册企业 900 余家，线上活动参与人数超过 30 万人次。

创新启迪

呼和浩特市以全面建设现代化区域中心城市为目标，将优化营商环境作为提升首府功能、推动高质量发展的关键支撑。作为国家知识产权局公布的首批国家知识产权强市建设试点城市，呼和浩特通过成立知识产权工作领导小组、完善知识产权政策体系、建立健全知识产权纠纷多元化解机构、搭建知识产权一站式公共服务平台等一系列创新实践，推动全市初步形成了知识产权"大保护、严保护、快保护、同保护"格局，充分发挥知识产权对经济社会发展支撑和引领作用，有助于保护和鼓励创新创业，推动产业转型升级。

沈阳市

>>> 创新综述 <<<

沈阳市按照办事方便、法治良好、成本竞争力强、生态宜居的要求，将优化营商环境作为"一把手"工程，锚定在国家营商环境标杆城市评价中进位升级的目标，建立营商专员、营商联络员、营商工作专班三级工作体系，坚持对标学习借鉴和探索原创性改革举措相结合，锻长板、扬优势，补短板、强弱项，迭代推出了**优化营商环境 5.0 版改革方案**，提出 294 项创新举措，形成了"1+N"的营商环境政策体系。

在**打造高效便捷的政务环境**方面，**优化提升企业全生命周期服务**，深入实施"只提交一次材料"改革，推进"一件事一次办"，全市依申请政务服务事项可网办率达 100%，全程网办事项占比达 99.6%。持续推进**工程建设项目审批制度改革**，工程建设项目总体审批时限压缩至 38 个工作日以内。深入实施**"惠帮企@链上沈阳"**，开发**"好政策"**平台推进惠企政策"免申即享"，累计兑现政策资金超过 6.2 亿元。在**打造公平公正的法治环境**方面，全面优化审判执行质效，推进**"一站式"**诉讼服务体系建设，上线区块链应用，年度跨域立案、网上立案、自助立案超过 10 万

SHEN YANG

人次。规范精准推进监管执法，推行"双随机、一公开"监管、**智慧远程监管**，发布 1725 项全领域包容免罚清单，检查计划下降 60.9%，检查企业数量下降 47.6%。在**打造开放透明的市场环境**方面，落实**市场准入负面清单管理机制**，在 13 个业态推行"一业一证"模式，推行企业登记"一趟不用跑"。推进**公共资源交易全流程电子化**，首创"信用保函"模式，建成公共资源交易大数据应用系统。推进**贸易便利化和通关时间"最短化"改革**，全市进口、出口通关时间较 2017 年分别压缩 91.71% 和 93.36%。建设**线上线下首贷服务中心**，服务民营、科创和小微企业，帮助"零信贷"企业获得首贷资金支持。在**打造宜居宜业的人文环境**方面，构建"一城一园三区多组团"的科创空间格局，全市各类创新平台达到 1285 个。颁布实施"**沈阳人才新政 3.0 版**""**兴沈英才计划**"等政策体系，打造"15 分钟就业圈"，推出"**沈阳业市**舒心就业服务平台"，建立 18 个"舒心就业"示范社区。推进"一网统管""一码通城"等 10 项**智能化应用场景**全面推开，覆盖就医救治、出行停车多个领域。

创新实践

深入实施"只提交一次材料"改革，打造"办事方便"政务环境

一 举措内容

沈阳市营商环境建设局以打造"办事方便"政务环境为目标，聚焦企业群众热点需求和政府数字化转型关键，着力实施"只提交一次材料"改革，充分运用数字化理念、智能化技术，深入推动权力职能、业务流程、系统平台优化再造，全面提升"一网通办"服务效能，切实实现政务服务标准化、规范化、便利化，更好满足市场主体和人民群众日常生产生活需求。

二 创新亮点

1. 创新"五级业务梳理"，实现政务服务数据化。

以"数据关系"替代"事项"作为业务梳理的最小单元，按照"事项—情形—材料—字段—数源"逐级递进拆解，建立**"数据血缘"**，形成清晰的政务数据关系图谱。

累计梳理市、区两级标准化事项 2851 项，细分情形 8539 个，形成标准材料 2611 个、标准字段 4772 个，从国家、省、市级平台分类探寻相对应的 7383 项数据来源，彻底厘清我市政务服务底数。

2. 创新"五步职能调整",推动政务运行标准化。

按照"腾、合、放、转、调"方式,集中优化调整事项设置、人员配备、系统运行等内容,完成 5 类 395 项职能优化调整。

累计减少 253 项事项、优化 142 个办理流程、取消 1611 个申报材料、精简 603 个办理环节,政府行政成本大幅降低,部门审批效率提高 21.6%。

3. 创新"三类数源汇聚",推进服务供给规范化。

按照材料来源,将市级事项申请材料区分为政府部门核发、申请人自备、第三方机构出具 3 种类型,固化为 2611 **项标准材料**。

以复用率高的政府部门核发材料为重点,累计推动国家、省、市三级 337 项材料数源完成对接。

截至目前,已有 2237 项材料实现"只提交一次"或免于提交,占比 85.6%。

4. 创新"七类服务场景",实现政务服务便利化。

围绕企业和个人两个全生命周期,在优化升级既有"一件事"同时,依据政务服务事项特征和办理频次,创新上线"智能办""零材料""跨层级""跨部门""秒批秒办""都市圈通办""证明在线开具"7 类 349 个**特色服务场景**,为企业群众提供条件预检、情形引导、辅助填表、自动审批等多种智能化服务。

截至目前，优化上线 930 个"一件事一次办"服务场景，减少材料 496 个，减少环节 207 个、减少跑动 245 次，平均申报时间缩短 62.3%。2022 年底前，"一件事一次办"场景达到 1000 个。

三 创新成效

1 审批效率不断提高。

通过强化数据共享复用能力，更多申请材料和信息实现"免填免交"，有效减轻用户申报负担。截至目前，依申请政务服务事项平均跑动次数压减至 1.1 次，平均办理时限缩短至 3 天，政务服务便利度大幅提升。

2 政务服务更加智能。

依托一人（企）一档系统归集 35 类用户信息，在确保信息安全和用户授权的基础上，固化 102 类用户特征，为智能化服务提供支撑。在 930 个服务场景中，5332 个办事情形全部实现智能引导，454 项政府部门核发材料中已有 337 项实现"免于提交"，1895 项申请人自备材料全部实现"只提交一次"，切实增强用户办事体验。

3 网办能力逐步攀升。

截至目前，沈阳市一体化政务服务平台用户总量突破 700 万，日均访问量达到 32 万人次，全市依申请政务服务事项可网办率达到 100%，全程网办事项占比达到 99.6%，网上实办率达到 94.2%，实现对广州、深圳、南京等领先城市的追赶，在全省较好发挥示范引领作用。"新生儿""教育缴费""不动产登记"等一批"关键小事"上线应用，在全国范围率先登录移动端，广受企业群众好评。

4　办理途径更加多元。

沈阳市政务服务事项的办理标准、数据来源、共享形式愈加统一完善，实现各类服务前端数据同源、服务同质，更为每项服务跨域通办提供了良好保障。以"就业创业证申领"为例，在政府部门的大力协作下，企业群众可以通过多种线上途径办理，还可到全市任意区县、街道、社区的政务服务场所办理，真正实现"随时办、就近办"。

创新启迪

作为我国东北地区重要的中心城市和先进装备制造业基地，沈阳以营商环境"先手棋"助力经济高质量发展"全盘棋"。本年度深入实施的"只提交一次材料"改革，充分运用数字化理念、智能化技术，创新"五级业务梳理""五步职能调整""三类数源汇聚""七类服务场景"，全面提升"一网通办"服务效能。在一批"关键小事"上实现线上办、一次办、随时办、就近办、快速办，是在以实际行动回应市场主体关切。该举措兼顾减轻用户申报负担和节省政府行政开支，也展现出政务服务理念和政府治理水平的进一步提升。

大连市

>>> 创新综述 <<<

大连市坚持以习近平总书记关于优化营商环境重要讲话精神为统领，以国家和辽宁省优化营商环境决策部署为遵循，把优化营商环境作为推进大连"三年过万亿"和城市高质量发展的"先手棋"，2022年新年伊始召开全市优化营商环境工作千人大会，出台**《大连市营商环境升级行动方案（2022—2024年）》**，定方向、明任务、强信心、聚合力，全面推进营商环境建设提级增效，全力打造办事方便、法治良好、成本竞争力强、生态宜居的市场化、法治化、国际化一流营商环境。

2022年度，大连市营商环境创新举措主要集中在以下方面：**聚焦区域壁垒破除**，建成"一网统管"运行指挥中心，助力城市治理更加智慧化、科学化、精细化；创新体制，简并环节，实现不动产登记+税收"一岗通办"；深化不动产登记金融协同，省内率先推广**电子证照应用**，实现抵押登记全过程在银行端办理。**聚焦市场机制改革**，创新推出落实**国际经贸协定新机制**，全力打造RCEP区域经贸合作新引擎；在东北地区率先推出**预重整制度**，实现破产案件全流程在线审理和申请财产查

DA LIAN

询。**聚焦投资建设完善**，工程建设领域开展**水电气热网视一站式服务改革**；医保领域开展"先诊疗后付费、住院免押金"惠民就医服务，在全国率先打造"**异地就医免申即享**"结算模式。**聚焦对外开放提升**，推出出口货物检验检疫证书"**云签发**"平台，提升出口货物签证效率；全国首创研发"**出口退税智能诊断**"功能，提升企业出口退税效率；建设**优化税率分析服务系统**，助力企业降低贸易成本。**聚焦监管体制创新**，打造东北亚国际商事"**六位一体**"法律服务体系，实现商事纠纷全生命周期管理和快速高效化解；省内率先试点**劳动仲裁"云庭审""云送达"**，及时有效维护人民群众合法权益。**聚焦涉企服务优化**，开展公共信用信息与金融信息融合应用，打造助力中小微企业融资创新产品"**工信e贷**"；打造"**仓单登记中心**"供应链金融管理平台，打通大宗商品现货交易融资瓶颈；打造**人才大数据综合服务平台**，实现人才政策宣传及各类人才事项统一入口和全流程覆盖。

创新实践

"一网统管"让城市会思考、更智慧

一 举措内容

大连"一网统管"运用新一代信息技术，结合三维可视化手段，围绕"一张图"向各级管理者展示城市运行全景，聚焦"一件事"打造城市态势感知、分析决策、事件管理、智能指挥、监督考核的综合性管理中枢，实现"一屏观全城""一网管全城"。

二 创新亮点

1. 打造"数据港"，推动政府运行由"经验决策"向"数据决策"转变

汇聚政务、时空、视频等40余类数据，引入城市人口、城市交通、产业经济、网络舆情4大类90余项互联网数据，累计融合数据2.2亿条，数据赋能城市高效运行和精细化管理。

2. 构建"智慧脑"，助力城市治理由"人防人治"向"智防智治"转变

集成安全、民生、城管、交通等4个方面26类AI算法，针对人群聚集、垃圾暴露、道路积水、消防通道占用、违法垂钓等事件，实现智能发现并主动推送；基于 12345 热线投诉数据，通过 AI 智能分析，构建城市事件图谱，实现事件预警。

3. 配备"智能眼"，实现事件感知由"人工发现"向"智能感知"转变

"一网汇聚"2.7 万路公安视频和政务大厅视频，结合 AI 解析提升城市事件发现能力，实现无照经营游商、露天烧烤、消防通道占用等城市违规行为的实时感知、智能识别。

4. 架设"立交桥"，加快城市管理由"条线管理"向"协同共治"转变

围绕"高效处置一件事"，以架设"立交桥"的方式，对接消防、城管、应急等 10 余家单位业务系统，打造综合运行管理系统，实现跨部门业务系统"一屏统揽""一键调度""一体联动""一网共治"。

三 创新成效

大连"一网统管"运行指挥中心应用系统荣获**人民日报社"2022 产业智能化先锋案例"**；成功入围 **2022 世界智慧城市中国区"宜居和包容"大奖**，这是辽宁省乃至东北地区唯一入选的城市类别项目。

1. 提升城市管理水平

通过对人口态势的深度挖掘，结合人口年龄结构、人口聚集区域及商圈客流量分析，有利于各级决策者更加深入了解城市人

口状况，更有针对性地制定民生政策，助力提升城市管理服务水平。

2 提高社会治理水平

通过 AI 算法赋能前端摄像头感知设备，主动发现符合"流动商贩"特征的违法事件，自动推送相关部门处置。通过在群众投诉之前主动处理，降低群众投诉量和网格员巡查工作量，提升群众满意度。

3 辅助产业发展决策

定制开发大连特色产业链图谱，为政府制定增链、强链、补链的产业布局及招商策略提供依据。综合分析法律诉讼、经营异常、行政处罚相关数据，形成"异动企业"名录，推送相关行业主管部门加强监管和引导，为企业发展提供针对性政策支撑。

4 赋能城市交通治理

通过汇聚交通政务数据，可以一图总览全市交通基础设施建设情况，结合互联网地图实时路况、用户上报数据综合研判，实时推送道路拥堵情况，形成事件告警列表，并定位拥堵源头。

5 实现事件闭环管理

基于公安视频资源，AI 算法匹配 75 路摄像头，每 5 分钟进行一次轮巡，自动核查已发现事件是否得到及时处理，实现告警事件主动发现、自动受理、智能分拨、高效处置的全流程自动化闭环管理。

创新启迪

作为我国北方重要的港口、工业、贸易、金融和旅游城市，大连始终牢记建设"两先区"任务的政治使命和做好东北振兴"跳高队"的责任担当，坚持把优化营商环境作为加快政府职能转变、促进高质量发展的重要抓手，把数字政府建设作为营商环境持续优化的重要支撑。大连市"一网统管"项目建设，打造的"数据港""智慧脑""智能眼""立交桥"，为城市构建了态势感知、分析决策、事件管理、智能指挥、监督考核的综合性管理中枢，有效提升了城市管理水平、社会治理水平和产业发展水平，有助于打造高效协同数字政府，以城市"智治"推进治理体系和治理能力现代化。

长春市

>>> 创新综述 <<<

长春市坚持锁定营商环境"进入全国第一方阵"目标，围绕国家和省《优化营商环境条例》，持续深化"放管服"改革，结合"服务企业、服务人才、服务基层、服务群众"四个服务活动，对标国家101项创新试点改革举措，开展**营商环境改革攻坚**，围绕提升政务服务便利化水平、提升市场准入退出便利度、优化工程建设项目审批、提升市政公用设施接入能力、招投标全程电子化、提升普惠金融服务水平、优化纳税服务流程、提升跨境贸易便利化、提升司法保护水平、提升城市品质十二个方面，重点解决企业群众反映的突出问题，全力打造东北一流、国内先进、符合国际标准的营商环境。

2022年度，长春市营商环境创新举措主要体集中体现在以下方面：聚焦市场环境促投资，优化长春特色开办企业全链条服务体系，试点推行**"证照一码通"**改革，市场主体登记实现**"一网通办、全程网办"**，开办企业实现**"零成本"**；聚焦政务环境优服务，推动**哈长城市群"区域通办"**，对市级政务服务中心进行升级改造，医保、社保、公积金等9类专业大厅业务事项实现**"应尽**

CHANG CHUN

必进"，企业、群众办事"只进一扇门"；聚焦要素环境解难题，成立"**四上企业**"**服务专班**帮助企业解决用工实际困难，推出**获得电力"三压减、三提升"服务举措**，推行"**五零一优**"**水气报装服务**，推广"**免申即接入，报装即通水通气**"**改革**，为企业提供帮办代办上门办的"管家式"服务；聚焦法治环境稳运行，改善行政检查执法秩序，深化**行政检查执法备案智能管理改革**，推进"**长春智慧法务区**"**建设**，借助智能和技术手段确保疫情防控和调解审判"两不误"，引入"**智槌**"**拍辅系统**强化执行能力建设，推广应用**智慧执行APP**，助力被执行企业恢复生产能力；聚焦政策落位保落实，推进**惠企惠民政策直达**工作，搭建"**长春市政策服务网上大厅**"，实现市区两级"**政策兑现窗口**"可查询、可兑现。

创新实践

数字赋能政策直达，打通兑现"最后一公里"

一　举措内容

为切实解决助企纾困政策落实过程中的痛点、堵点、难点问题，长春市组织开展惠企惠民政策直达工作，通过运用"互联网＋政务"模式，着力打通政策兑现"最后一公里"，不断提升企业和居民的获得感和满意度。

二　创新亮点

1

加强顶层设计，谋划实施系统化集成改革

成立组织领导机构， 建立"政策直达工作领导小组"，明确部门主体责任，市委市政府通过《政策直达专刊》及时跟踪了解改革动态。

出台政策文件， 研究制定《推进惠企政策落实专项行动方案》《规范惠企政策文件制定工作的通知》《惠企惠民政策直达工作方案》和《惠企惠民政策标准化上线审查办法》等政策文件，建立常态化、闭环式管理机制。

组建政策直达工作专班，成立政策梳理、上线服务、技术保障、法制服务、政策资金服务、金融服务、督查考核、宣传推广8个工作专班，建立"周联席会议"机制，推动平台功能完善和改革问题破解。

2

突出工作重点，对政策进行标准化规范化梳理

对现行有效惠企惠民政策开展清理确认，由政策制定部门提出继续有效、修改、废止或失效的意见，形成《政策文件保留清单》。

开展政策事项要素标准化梳理，将依法公开的政策细化为一个或多个具体服务事项，每个服务事项按照办理时限、申报要件、兑现内容等要素进行标准化梳理。

全面优化政策事项办理流程，平均申报要件由3.1个精简至2.1个，企业平均办事环节由4.7个压缩至3.4个，企业（居民）提出申请到政府部门资金兑付平均用时由144个工作日压减至88个工作日。

3

强化技术支撑，开展政策直达线上线下融合服务

研发政策标准化梳理审查系统， 用信息化手段"过滤"政策文本，"提取"政策服务事项，逐一"提炼"政策要素，生成政策事项办事指南和审批流程；引导部门采用自动核验共享数据的方式以减少申报材料。

搭建政策直达受理审批平台， 上线"长春市政策服务网上大厅"，集中发布国家、省、市和县（区）四级政策，实现政策查询办理、资金兑现、评价建议闭环管理；同步开通市、区两级"政策兑现窗口"，推行线下"一次跑"办理。

开展政策精准化智能化推送， 建立政策库和政策服务对象库，对政策和政策服务对象进行"标签化"处理，快速智能匹配形成"政策包"，精准推送给符合办理条件的企业（居民），实现政策一揽子推送、打包式落实。

4

建立直达机制，对政策实施全链条闭环式管理

建立标准化上线审查机制， 严格规定市、区两级政府部门制定的惠企惠民政策未经标准化审查不得出台，财政部门也不得给予资金保障，强力推动政策出台即能兑现。

建立政策制定意见征询机制，要求政策制定部门在制定政策前充分听取各领域意见，专业性较强的须组织专家进行论证。

建立政策运行事中事后评估机制，平台政策执行过程中及时对执行情况进行评估，政策执行完毕后开展效果评估，为今后政策制定总结经验、提供参考。

三 创新成效

截至 2022 年 12 月，长春市政策直达平台已上线政策文件 261 个、政策服务事项 231 个，累计为 2838 家企业兑付 1.33 亿元，为企业（居民）减免 20.53 万次共 14.92 亿元。

创新启迪

作为东北振兴的支点城市及重要的工业基地，长春市锁定进入全国营商环境"第一方阵"目标，持续深化"放管服"改革。长春运用"互联网＋政务"模式开发的政策直达受理审批平台，创新性地将政策查询、业务办理、惠企惠民资金兑现等多方面功能进行集成，同时突破行政壁垒打通各环节数据资源，展现出数字赋能政务服务的效能。这一模式实现了政策推出时的"标准化指引"、推出后的"精准直达"和执行过程中的"审查评估"，提升了助企纾困政策的及时性、普惠性、有效性，为市场主体打通了政策兑现的"最后一公里"。

哈尔滨市

>>> 创新综述 <<<

2022年，哈尔滨市对标国内先进城市，聚焦营商指标"短板弱项"、政务服务"痛点堵点"、企业群众"急难愁盼"，印发《哈尔滨市2022年优化营商环境专项行动实施方案》，明确营商环境建设"时间表""任务书""路线图"。全链条对标对表全国最优，持续动态推出营商改革攻坚举措。在年初确定20个方面198项措施的基础上，又分3个批次推出189项，总计达387项。

哈尔滨市坚持把优化营商环境作为转变政府职能、激发市场活力、促进高质量发展的重要抓手，全市上下合力攻坚，形成"高位推动、协同联动、合力攻坚"的营商环境建设新格局。一是**坚持高标准定位**。市委、市政府对优化营商环境态度坚决、目标明确，市十五次党代会报告和市政府工作报告鲜明提出打造全国一流营商环境目标，明确今年进入全国优秀等次，紧盯北上广深等先进城市动态调整目标任务，逐步由"跟跑"向"并跑""领跑"转变。二是**强化工作推进**。把优化营商环境列为全市一号工程，实行双组长制，成立20个工作专班，分别由市领导挂帅。制定了《优化营商环境督导考评问责工作制度》《专项行动重点任

HA ER BIN

务、年度目标、配套措施和责任分工表》等配套措施。各牵头部门、责任单位和各区县（市）合力推进，形成上下贯通、一抓到底的工作闭环。三是**狠抓任务落实**。把督导考评作为优化营商环境的重要抓手，采取**逐标"对账"，逐条"销号"**的方式，实行**"月调度、季通报、年考评"**，以评促改，以评促优，并将督查结果纳入绩效考核，切实发挥督查"利剑"作用在全省"擂台赛"中连续四个季度排名第一，全年综合考评总成绩排名第一，在全省营商环境评价中整体处于优异等次。四是**改革攻坚取得新突破**。聚焦营商痛点堵点难点，打出改革攻坚"组合拳"，不断推出原创性强、含金量高的特色创新举措。截至目前，**不动产登记"交房即交证""信用代证"**等 24 项创新措施在全省推广，**"企业开办全城通办""无感续证"**等 45 项创新经验做法被国家部委级网站采用刊发。国务院办公厅电子政务办公室对 2021 年度省级政府和重点城市一体化政务服务能力（政务服务"好差评"）进行第三方评估，哈尔滨市排名由"高"组别升至"非常高"组别。

创新实践

政务服务"三聚焦",实现基层全覆盖"好易办"

一 举措内容

哈尔滨市依托全国一体化政务服务平台,聚焦"统筹、融合、便民",积极推动政务服务向基层延伸,打造纵向贯通、横向联结、线上线下融合的基层政务服务体系,实现市、县、乡、村四级全覆盖,**把政务服务从"大厅窗口"升级到"就近好办、少跑快办、免费邮寄办"**,不断提升群众办事的体验感、获得感和满意度。

二 创新亮点

1 聚焦统筹谋划推进,构建市县乡村四级政务服务体系

锚定实现"一网通办"基层全覆盖目标,压茬推进"一网通办"建设。

2022年,**出台政务服务"就近办"工作方案**,基于全国一体化政务服务平台,组织推进高频的政务服务在街道(乡镇)政务服务中心、社区(村)便民服务站等场所实现"就近办""家门口办""免费邮寄办"。

政务服务从"能办"向"好办"转变。以同类事项流程最优的城市为参照，持续开展横向对标比优；以"复制＋创新"进一步压时限、减要件、优流程；以"数据交换＋多场景"拆事项、定规范、做指南，进一步打通部门间的信息壁垒。更多政务事项实现向基层延伸推进，基层便民服务能力不断提升。

2 聚焦线上线下融合，打造多元高效便捷政务服务模式

坚持以人民为中心，把满足企业群众个性化需求作为设计改革路径的立足点，逐步**推进实体窗口与网上办事一体融合、前台"一窗受理"与后台"分头办理"一体融合、大厅集中服务与街道社区就近办理一体融合**。

（1）大力推广线上线下无差别受理，在实体大厅、网上平台、自助端、移动端同步实行同标准"一网通办"。

（2）优化政务服务场所"一站式"服务，调整优化窗口设置，全面实行"一窗综办"模式，依托"一网通办"平台"一人一档、一企一档"、统一身份认证、统一电子印章、统一电子证照功能，进一步减操作、减填写、减材料。

（3）优化掌上办，借助"e冰城"政务App和微信小程序，为群众提供便捷的移动端政务服务，"低保办理""公积金""网上12345"等上千个基层政务服务可手机端申办。

（4）夯实自助办。 在街道和社区人流密集点位投放百余台集成式自助终端，可办理本市事项万余项、省内事项近千项、跨省事项千余项，并同步开通办理临时身份证明、养老缴费流水证明和刷身份证亮健康码等特色业务。

3 聚焦便民服务能力，拓展规范化便利化政务服务渠道

立足社区村屯和老弱病残等群体实际需求，以提升党建引领基层政务服务为发力点，整合力量，拓展渠道。

（1）打造一刻钟政务服务圈，推进政务服务"就近办"。 整合基层政务服务资源设立综合窗口，在"一窗综办"系统、自动终端资源开通服务，在全市重点街道（乡镇）、社区（村）级便民服务中心，实现高频政务事项下沉到基层办事网点，推行同标准无差别受理。目前医保、社保、低保等 46 项高频民生事项可就近办理。

（2）开通优先窗口。 街道（乡镇）便民服务中心均开通老年人、残疾人等特殊群体优先窗口，提供全程帮办代办服务，帮助整理申请材料，代填代报，协调解决遇到的审批问题。推出"秒懂政务"。将办事指南以小视频形式呈献，杜绝以往文字解说的晦涩难懂，为老年人办事带来了高效便利。

三 创新成效

目前，哈尔滨市本级和区县（市）1.91万个政务服务事项，网上可办率、"最多跑一次"率、"零跑动"覆盖率分别达到98.08%、98.78%、83.58%。

2022年9月，国务院办公厅电子政务办公室委托中央党校电子政务研究中心开展的2021年度省级政府和重点城市一体化政务服务能力（政务服务"好差评"）第三方评估工作中，哈尔滨市再创佳绩，排名由"高"组别升至"非常高"组别，继2018年全国第10名，2019年、2020年蝉联全国第6名后，连续四年进入全国先进行列，稳居"第一梯队"。

创新启迪

哈尔滨市依托全国一体化政务服务平台，聚焦"统筹、融合、便民"，构建"市县乡村四级政务服务体系"，打造出贴合本地市场主体需求、多元高效便捷的政务服务模式。这一举措拓展了政务服务渠道，推动绝大多数政务服务事项实现了网上可办且"最多跑一次"甚至"零跑动"，让市场主体和基层百姓享受到个性化、精准化、便利化的优质服务，也大大提升了基层政府的线上线下综合政务服务能力。

南京市

>>> 创新综述 <<<

南京市坚持市场化、法治化、国际化的原则，聚焦重点领域和关键环节先行先试。今年年初，南京市对照国家营商环境创新试点 101 项改革事项，出台了《**南京市 2022 年优化营商环境实施方案**》，提出 6 个领域 116 项工作任务，进一步打造国际一流的营商环境。

2022 年度，南京市营商环境创新举措主要集中在以下方面：**打造"质量小站"**，开展质量帮扶和质量诊断分析，帮助中小微企业实际解决生产经营、质量管理、技术创新中的难题，目前，已建成 19 家"质量小站"，覆盖全市 15 个高新园区和重点产业链，辐射近 2 万家中小微创新型企业，服务企业超 5000 家。**全面推行二手房"带押过户"**，无需先行还贷或垫付资金，即可一次合并办理转移登记、原抵押变更及新购房抵押设立 3 类业务，实现卖方"带押过户"和买方"贷新还旧"的无缝衔接。**推行建设项目分阶段验收**，对办理了一张建设工程规划许可证但涉及多个单位工程的工程建设项目，对已满足使用功能的单位工程可采用单独竣工验收方式，单位工程验收合格后，可单独投入使用。**推进线**

NAN JING

上"水电气"公共事业服务报装联审，实现"一站式"服务，新冠抗原检测试剂盒生产企业诺唯赞公司在一个月内完成申请到水电接入施工全流程。**扩大"一件事一次办"范围**，形成626个"一件事"标准化场景。**探索跨省通办协作机制**，已实现140个事项南京都市圈通办。**打造公共资源交易智慧云平台**，实现看得见的"云上交易"。**建设"宁企通"惠企综合服务平台**，已累计上线惠企政策350多条，事项830多个，90多个政策事项在平台全流程运行，涉及申报企业3000余家，170多个政策事项实现"免申即享"。**民营企业转贷基金服务规模超千亿元**，助力民营企业解决到期银行贷款转贷资金周转困难，降低企业融资成本。**完善金融纠纷诉源治理新机制**，畅通一站解纷"调节器"，全市法院实现"金融纠纷调解工作室"全覆盖。**率先建成"开门接电"示范区**，疫情期间高效服务一批防控项目，3天内完成栖霞区医院630千伏安增容改造。

创新实践

"质量小站"为企服务展现大作为

一、举措内容

南京是首批**"全国质量强市示范城市"**，2021年以来，市市场监管局全面整合市场监管系统质量要素资源，围绕全市高新园区和重点产业链，创新建设**"质量小站"**，为中小微创新型企业提供计量、标准、认证认可、检验检测、质量管理、知识产权、品牌培育一站式服务，让企业问题上浮，专家资源下沉，助推企业高质量发展。到目前为止，南京市已建成19家"质量小站"，聘用培训质量管家50多人，覆盖全市15个高新园区和重点产业链，辐射近2万家中小微创新型企业，已服务企业超5000家。

二、创新亮点

1. 科学选择运营模式

"质量小站"建设遵循**"占地小、投入少、作用大、就近就便"**的原则，在企业较为集中、质量服务需求较大的高新园区进行科学布点，延伸服务触角，打通质量技术服务"最后一公里"。根据南京市各区的实际情况，主要采取了三种运营模式：

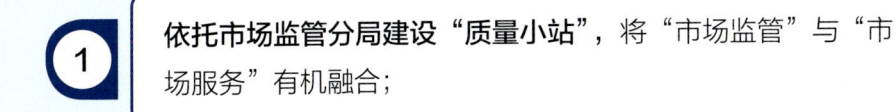

1. 依托市场监管分局建设"质量小站",将"市场监管"与"市场服务"有机融合;

2. 依托园区管委会建设"质量小站",由区市场监管局与园区管委会共建共管,将市场监管"部门职能"和园区"板块职能"有机结合;

3. 依托检验检测机构建设"质量小站",将"行政资源"和"专业技术资源"有机整合。

2. 提供全方位综合服务

突出标准先行

在全省率先编制并发布南京"质量小站"地方标准,形成全市"质量小站"功能形象、线上平台、服务清单、服务标准的**"四统一"**,明确"质量小站"的工作职责、服务环境、服务内容,有力提升服务流程的规范化、标准化水平。目前,已明确了12项可立即办理的技术服务事项和25项可立即答复的技术咨询事项,企业的其他需求站内登记、及时解决,实现了需求"件件有着落、事事有回复"。

拓宽服务渠道

采用线上平台和线下窗口相结合、质量管家和质量专家相补充的**双渠道服务模式**,线上统一使用南京市市场监管局开发的"南京'质量小站'服务平台";线下窗口划分为咨询服务、自助办理、专家诊断室等多个服务区域。每个"质量小站"设站长1名、质量管家3名以上、质量专家若干,以"管家为主力、专家为支撑"的方式,协同开展质量技术服务。

下沉服务资源

推动省、市、区三级市场监管部门以及在宁的 15 家技术机构、11 个国家质检（计量）中心将标准、计量、认证认可、检验检测、知识产权**等技术服务资源下沉至各"质量小站"**，实现技术机构实验室、大型设备开放共享，形成强有力的专业技术支撑。

3. 健全长效保障体系

开展"质量小站"服务提升行动，补短板、强弱项，进一步强化服务功能、整合服务资源、优化服务内容、拓展服务场景，**充分释放质量基础设施服务功能**，升级服务效能，为广大企业提升质量水平、保障质量安全、促进质量创新提供更加优质的服务，切实助推高质量发展。

综合服务环境、服务制度、服务质量与成效等多方面指标，对"质量小站"服务设施和运营情况进行**科学评估**，选树优质服务典型，激发和带动各"质量小站"服务质量的提升。

三 创新成效

1. 深化质量帮扶

举办各类研讨会、知识产权沙龙、企业交流会等活动 20 余场，促进企业与技术机构的交流与合作，为与会企业提供个性化、全链条、立体式的**"面对面"**服务。

2 主动问需助企纾困

通过线上需求征集、线下实地走访，主动挖掘了解企业需求 1000 余项。开展**"质量问诊"系列活动**，涵盖食品、计量、标准、检验检测、商业秘密保护等多个方面，为企业全面诊断、开出良方；帮助企业积极争取知识产权质押融资，获得授信额度超亿元。

3 凝聚品牌效应

以"质量小站"为培训阵地，开展质量奖、质量信用、江苏精品等**品牌创建培训** 30 余场次，辅导 106 家企业申报江苏精品认证、17 家企业申报省长质量奖、45 家企业参与江苏省质量信用等级认定工作。

创新启迪

南京围绕建设高质量发展的全球创新城市、高能级辐射的国家中心城市、高品质生活的幸福宜居城市、高效能治理的安全韧性城市的总目标，将优化营商环境作为推进中国式现代化南京新实践的重要抓手。南京创新建设的"质量小站"，灵活采取多种运营模式，为中小微创新型企业提供计量、标准、认证认可、检验检测、质量管理、知识产权、品牌培育一站式全方位综合服务，并健全长效保障体系。"质量小站"以助企纾困为基点，发挥出凝聚品牌效应、深化质量帮扶的重要功能，凸显了标杆城市的示范引领作用，擦亮了"宁满意"服务品牌。

无锡市

>>> 创新综述 <<<

2022年，无锡市聚焦市场主体需求，主动对标对表上海、深圳、杭州等全国营商环境改革试点城市，制定出台《无锡市优化营商环境行动方案》《无锡市2022年优化营商环境改革事项清单》，积极探索推进30个领域196项年度改革事项，"无难事、悉心办"营商环境金字招牌越擦越亮。

一是政务环境便捷高效。积极开展**国家级居民身份证电子证照应用试点**，群众可在各级公安办事窗口、不动产登记窗口刷电子身份证办事。开展**省级企业办事"一照通办"试点**，建立**电子营业执照应用服务体系**，全市市场主体运用电子营业执照登录办事达162.6万次。深入推进**"三提三即"改革**，全年实现25个项目"策划即入库"、60个项目"拿地即开工"、181个项目"建成即投用"，推动重大项目早落地、早开工、早达产。二是政策环境精准务实。贯彻落实国家稳增长组合政策，先后出台**锡政50条、补充12条、培育壮大市场主体20条**等政策，精准对接企业发展需求。通过**"惠企通"平台**向企业推送政策超过200万次。完善涵盖从小微初创企业—生产型企业—生产研发企业—高科技

WU XI

企业的**全类型用地政策体系**，满足企业多元化用地需求。全省率先推出面向青年人才和企业 HR 的**"锡才云"培训 APP**，提升企业"选育用留"人才的能力。三是市场环境公平高效。全面整合"照、章、税、保、金、银"等开办事项，新办企业实现"一个环节审批、一个工作日内办结、零费用开办"常态化。全国率先打造**"亮证办电"服务**，实现了"实名"认证、"实人"核验、"实证"共享的新型办电模式。打造全球首个**城市级 C-V2X 示范应用项目**，建成全省首个**市级监管数据中台**。在市场监管、生态环境、文化市场、人防等领域分别制定出台轻微违法行为不予处罚、一般违法行为减轻从轻行政处罚事项清单。四是法治环境更加健全。组织编制《**无锡市优化营商环境条例**》。全域启动**"与个人破产制度功能相当"试点**，成功帮助一批诚信创业者摆脱困境、获得经济重生。探索优化科技型企业劳动人事争议"调裁审一体化"，建立契合高科技人才劳动人事争议特点的纠纷预防化解新路径。

创新实践

试点"一照通办",让企业简单办事

一 举措内容

无锡市大力推进"互联网+政务服务"建设,依托一体化政务服务平台"一网通办"枢纽作用,充分发挥电子营业执照"一次生成、一库管理、随时下载、移动应用"优势,把电子营业执照作为实现市场主体身份在一体化平台"**一次认证、全网通用**"的一把钥匙,和实现市场主体在不同地区、部门间互认互信的一条通道,扎实推进企业办事"一照通办"改革试点工作。在企业办事过程中,逐步实现营业执照从纸质到电子、从"索要"到"不要"、从"多头跑"到"不用跑"的重大突破,最大程度为企业群众"**减材料、减环节、减时间、减费用、减跑动**",谱写"不见面审批(服务)改革——企业办事"一照通办"新篇章。

二 创新亮点

1

建立市场主体身份管理机制。

建立市场主体与电子营业执照的映射关系,实现"**一个市场主体**"对应"**一个电子身份**",方便市场主体随时随地下载、出示、打印、使用。把**电子营业执照关联电子证照库**,对市场主体日常产生的证照材料一并记入名下,为后续管理和服务提供支撑。

无锡电子营业执照系统先后**贯通 29 个平台系统**，市场主体可使用电子营业执照登录不同业务系统，办理相关政务服务事项，省去重复身份认证、重复填写信息、重复提交材料的烦琐。

2

提供涉企关联事项通办服务。

推行开办注销"一个套餐、一照通行"

新办企业依托电子营业执照登录企业开办专区，即可实现一个工作日内免费开办企业，全年全市新增企业法人 4.65 万户。电子营业执照贯通企业注销专区，企业注销可同步办理税务、社保、海关等注销业务，并实现市场主体类型简易注销全覆盖。

推行经营许可"一张表单、一照通行"

市场主体使用电子营业执照即可生成所需办理"一件事"的"一张表单"，31 个开店创业类"一件事"可"一表申请、一套材料、一次提交、限时办结"，"开餐馆、开便利店、开药店"3 个最关心的"一件事"的审批时间压缩至 10 个、7 个、7 个工作日内，已有 5394 户企业从中受益。

推行市场服务"一次验证、一照通行"

把电子营业执照作为政策兑现的身份标识，"惠企通"平台依托电子营业执照可向市场主体精准推送惠企政策，已有 3.58 万户市场主体通过电子营业执照完成身份比对，成功申领到"停业补助"。

3

优化线上线下应用办事场景。

在线"网上办"

在"苏服办"无锡"总门户"开设**企业办事"一照通办"服务专区**，以电子营业执照作为逻辑办事起点，提供 8 类主题服务。

扫码"掌上办"

向市场主体推广使用**电子营业执照应用小程序**，通过"扫一扫"等操作方式，可使用身份认证、信息采集、电子签名、打印留档等服务，全市电子营业执照下载量达 50.6 万次。

线下"窗口办"

全市政务服务大厅综合窗口提供**电子营业执照调用服务**，累计调用电子营业执照达 8.3 万次，为市场主体减材料、减时限、减环节、减跑动。

就近"自助办"

就近"自助办"，在全市 1294 个**"成全 e 站"等自助终端**配置电子营业执照自助办理功能，可查询企业征信，办理社保、公积金、报税、不动产登记等不同高频业务，为市场主体提供 24 小时不打烊的政务服务。

三 创新成效

"一照通办"案例获得上级广泛认可

创新做法和典型经验入选国家发改委《全国营商环境评价标杆城市典型经验做法改革举措》，获评江苏省法治建设创新奖，被《江苏改革简报》等内刊刊发，并由江苏省优化营商环境工作领导小组发文向全省复制推广。

建成企业办事"一照通办"精准直达专栏

围绕企业全生命周期服务，整合涉企高频事项，分类归入开办企业、经营许可、招标投标、金融服务、工程建设、公共服务、政策兑现、企业注销八大主题，让企业办事精准直达。

电子营业执照应用服务体系全面建成

电子营业执照系统可联通办理事项 241 项，应用方式涵盖卡片式、二维码、PC 端、小程序、业务 APP 等各种形式，累计登录办事 162.6 万次，相当于帮助每户企业减少跑动次数 1.51 次。

创新启迪

作为民族工商业发源地、苏南模式的起源地之一，无锡始终将建设一流的营商环境作为提升城市核心竞争力的制胜法宝。本年度通过建设"互联网＋政务服务"的一体化政务服务平台实现"一照通办"，充分发挥出电子营业执照"一次生成、一库管理、随时下载、移动应用"优势，帮助市场主体实现在不同地区、部门间互认互信，并能够快速办理企业开办、注销、金融服务等核心业务。全天候、全方位、全流程的政务服务，让企业办事"精准直达"，为市场主体发展进一步打破壁垒、降低门槛，展现出"新时代工商名城"的服务品质。

苏州市

>>> 创新综述 <<<

苏州市以实施江苏省内首个营商环境地方性法规为契机，出台**优化营商环境创新行动 2022**，全面实施 100 项改革举措，把每年的 7 月 21 日定为苏州**"企业家日"**，以最优营商环境构筑最佳比较优势，打造最具吸引力和竞争力的投资目的地。"同样条件成本最低、同样成本服务最好、同样服务市场机会最多"成为苏州营商环境的鲜明标识。

2022 年度，苏州市优化营商环境创新举措主要集中在以下方面：为激发 280 余万市场主体的发展活力，苏州全面实施**市场准入负面清单**，清除各种形式的市场准入壁垒，设立**国家海外知识产权纠纷应对指导中心苏州分中心**，让市场主体在公平竞争的市场环境中"如鱼得水"，深入推进**"一件事"**改革，实现**"拿地即开工"**常态化，启用**"苏商通"**平台，市场主体登记**"全城通办"**，营业执照和审批文书**"全城通取"**，为市场主体提供更多优质政务服务。作为 GDP 超过 2 万亿、工业总产值超过 4 万亿的制造业大市，苏州加快推进数字经济时代产业创新集群建设，设立**产业创新集群发展基金**，创新财政支持创新集群发展方式，从

SU ZHOU

基础设施、社会服务、科技创新等方面支持产业经济向创新经济跃升、产业大市向创新强市迈进。作为我国第四大外贸城市、长江沿岸第一大外贸港口城市，苏州率先在长三角地区开通中欧班列，全力支持外贸企业保订单拓市场，全面深化服务贸易创新发展试点和跨境电商综合试验区建设，推出**外贸企业信用贷**、**征信贷**等产品，推动外贸高质量发展。"**法治苏州**"是苏州优化营商环境的重要抓手，苏州逐步完善与市场主体生产经营活动密切相关的地方性法规、规章、规范性文件，充分发挥唯一同时拥有破产、国际商事、知识产权、劳动 4 个专业法庭的平台优势，依法平等保护各类市场主体合法权益。

创新实践

法人服务总入口"苏商通"打造法人全生命周期服务

一 举措内容

为深入贯彻落实党中央、国务院和省委、省政府关于深化"放管服"改革、优化营商环境的决策部署,苏州市委、市政府以数字政府建设为突破口,以市场主体需求为导向,着力加强政务服务体系建设。根据市委市政府工作要求,以"营商惠企,一键通达"为服务宗旨,在江苏省内率先建设苏州法人服务总入口**"苏商通",让法人只进"一个入口"就能高效办成"一批事"**。

二 创新亮点

1 加强顶层设计、破除区域壁垒,构建整体政府服务模式。

坚持苏州"法人服务总入口"定位。
(1)克服了服务范围广、涉及部门多、协调难度大等问题,纵向对接省级和10个县级市(区)政务服务,横向接入市级各部门各单位的政务服务,率先建设**"机会在苏州、投资在苏州、成长在苏州、奖补在苏州、创新在苏州"等5个维度37类应用**。目前,已接入市、县级市(区)两级190余个法人服务应用,汇集1.2万余条政策信息,上线5329个办事事项,为全市所有法人提供"一站式"办事服务入口。

（2）创新设计包括门户网站、移动端 APP 和自助服务终端在内的"三端一体"在线服务，与线下窗口服务协同联动，推动法人服务从"单一部门服务"向"整体政府服务"转变。

2 推动数据融合、实现智能匹配，充分释放政策效能。

（1）重点梳理 7000 余条惠企政策、解读文件，依托业务主管部门进行政策解构，打造**国家、省、市三级分类"法人政策库"**。

（2）创新实现政策的**智能匹配、主动推送**，变"企业找政策"为"政策找企业"。

3 搭建用户体系、优化服务流程，助企办事更便捷。

"苏商通"创新建立了包含法人和相关自然人信息的用户认证体系，并与"江苏政务服务网"等用户体系对接，做到**"一处注册、统一登录、统一认证"**。

（1）**为每个法人用户打造唯一的法人码**，可提供"码上授权""扫码取号"等便捷服务。

（2）**为用户提供精准指引**，通过"办'一件事'指引"，提升企业办事便捷度。

（3）**融合线上、线下业务办理渠道**，"苏商通"提供线上服务总入口，各板块企业服务中心提供线下服务。

（4）**将咨询、投诉、建议等功能纳入苏州市"12345"政府公共服务体系**，接入"一企来"、营商环境监督等平台，切实为企业排忧解难。

4 建设特色专区、支持企业成长，实现惠企服务直达。

（1）围绕企业经营中面临的缺资金、缺人才等难点，率先建设金融、人才、科技、法律、B2B **等特色服务专区。**

（2）针对中小微企业融资难、融资贵问题，**金融专区整合了多家金融机构产品**，企业可在线享受便捷的金融服务。

（3）汇集"**国际精英创业周**""**双创中心**"等应用，推动国际高端人才在苏州集聚创新、一流创新企业在苏州集聚发展、多元创新要素在苏州集聚融合。

（4）与市各有关部门一道，组织"**百企话营商**""**苏州企业家日**"**等主题活动**，形成全社会广泛支持和参与营商环境建设的良好氛围。

三 创新成效

"苏商通"有效解决了端口多元、入口分散、数据不畅、层级不清等问题，让企业法人不用在不同办事平台间来回切换。

有效避免重复建设开发，节约了大量财政资金，与现有政务服务APP形成包容共存、协同发展的关系，为其他城市相关"总入口"的建设提供了"苏州经验"。

"苏商通"为企业复工复产、供应链对接、物流通畅、法律咨询、惠企政策、稳外贸发展等方面提供了有力支持，是数字政府赋能数字经济的显著成果。

2022年，"苏商通"相关工作经验获得了江苏省政府主要领导，苏州市委市政府主要领导的批示肯定，获评"2022数字江苏建设优秀实践成果""2022数字政府创新成果与实践案例""全国城市数字治理创新案例"，荣获2022数字政府特色评选"示范引领奖"、中国数字政府特色评选案例"服务可达创新奖"等奖项。

创新启迪

苏州作为长三角重要中心城市和国家高新技术产业基地，紧扣企业需求、聚焦助企政策落实，建设"成本低、服务好、机会多"的优质营商环境。苏州以"营商惠企，一键通达"为服务宗旨，建成的苏州法人服务总入口"苏商通"，打造整体政府服务模式，实现市场主体"只进一个入口，高效办成一批事"，围绕中小微企业融资难、人才少等问题，开设了一系列特色专区，为企业量身打造金融、人才、法律等服务。"苏商通"坚持"用户思维"、聚焦企业关注的问题，全力以赴助企纾困、培优壮大，以实际行动助力苏州打造最具吸引力和竞争力的投资目的地。

南通市

>>> 创新综述 <<<

2022 年以来，南通市大力开展**"营商环境提升年"**活动，年初重磅推出《**"万事好通"南通营商环境优化提升举措 66 条**》，以政策集成创新推动优化营商环境迈向纵深，全力打造有求必应、无事不扰的**"万事好通"南通营商环境品牌**。

政策环境更加贴心。搭建"惠企通"政策平台，探索建立**"政策关键词＋企业属性"索引模式**，实现政策企业双向匹配，推进惠企政策"免申即享""简申快享"。在全省首个设区市**免收建设工程交易服务费**，每年为交易主体节省成本 3000 万元。推动全市**省级以上开发园区开展区域评估**，截止到目前，已经完成区域评估 80 项，实现成果共享应用 640 项次。市场环境更加便利。全省率先推行**集群注册登记改革**，与 28 个众创空间、商务楼宇等签订托管协议，实现"一个工位办企业"。探索**破产退出"一站快办"**，完成全省首例便利化破产注销登记，助力企业破产重整。省内率先试点**"抵港直装、船边直提"监管改革**，2022 年 12 月我市口岸进口、出口整体通关时间较 2017 年分别压缩 85.99%、90.54%，政务服务更加高效。加速电子证照库建设，在全省率先

NAN TONG

建成**市级电子印章系统**。打通信息壁垒，实现市域范围内**水电气系统与不动产登记、工改系统互联互通**，过户信息网络实时共享、联动办理。出台《社会投资低风险项目简易管理改革实施方案》，低风险项目审批时间控制在 15 个工作日以内。法治环境更加温情。全国首创**行政行为自我纠正制度**，被《江苏省行政程序条例》上升为省级立法规定。全省率先出台**首违不罚、免罚、轻罚、不予强制措施"四张清单"**，为 3734 家市场主体免罚轻罚 1.89 亿元。探索"信用+双随机"融合监管，创设**自动"汇总取重"功能**，涉企检查频次同比下降 40.1%。人文环境更加舒心。健全完善**代办帮办工作机制**，为 148 个省、市重大项目配备"一对一"代办专员，累计推动 104 个项目实现"拿地即开工"，居全省前列。持续扩大**"南通企业家日"系列活动**影响，开展"张謇杯"杰出企业家、杰出通商等系列评选活动，营造全社会尊重、理解、支持企业家的良好氛围。

创新实践

证照"套餐办"改革 实现市场主体"准入又准营"

一、举措内容

针对企业准营事项种类多、环节多、耗时长、提交材料重复等问题，南通市以"用户思维"引领"放管服"改革实践，将视角从"管理者"向"服务者"转换，聚焦"群众要什么"，创新实施**证照"套餐办"改革**，以重点行业准入准营真实场景为单元，**跨部门跨层级聚合审批事项**，逐个打通企业登记的前延后伸环节，提供**定制化证照"套餐办"服务**，有效破解"准入容易准营难"。

二、创新亮点

1. 全覆盖整合一张清单，明晰指引消除创业盲区。

围绕企业准营要求，进行梳理分解，一揽子梳理汇总 28 家部门实施的 102 个涉企经营许可事项。

市行政审批局联合多部门逐条逐项明确受理条件、申请材料、办事流程、承诺时限等办理标准，形成**市县统一的告知清单**。

除线下登记服务窗口实行"一口告知"外，在江苏政务服务网、"苏服办"APP 同步上线**"准入准营"告知专栏**，编制工具书，窗口、网上、掌上均可便捷查阅，并依托企业开办"全链通"系统进行**事前嵌入式提醒**，指引创业者快速清晰掌握各行业办证办照要求，消除创业盲区、规避办事卡点。

2. 全链条压至一个环节，极简流程提升服务效率。

先行选取关注度高、办理高频、需求量大的超市、餐馆、书店等 20 个行业推出证照"套餐办"服务。

精密设计"遵循需求，自由组合"的模块化申办平台，实现"一网联办"。
开发**"套餐办"网上办理系统**，在政务服务网旗舰店开设"准入准营"**集成办理专区**，集成证照调用、信息预填等智慧化服务；科学设置办理场景，不盲目追求整合，通过对经营业务、经营场地规模等实际情况的智能判断进行**"菜单"式事项组合指引**，支持用户根据自身业务经营需求采用模块式分段自由组合申请和新增业务叠加申请，打造像"网购"一样的办事便捷体验。

精准编制"周到全面、明晰易用"的实用化服务指南，提供"一册指引"。
编制**全场景服务指南**，覆盖行业准营条件、审批事项、实施依据、集成办事流程等办理标准，细分告知承诺制审批、一般性审批等不同的办理场景，让创业者可以一次性获取证照办理条件、快速清晰掌握各行业办证办照要求和申请操作具体流程，消除创业盲区、规避办事卡点。

精心重构"深度去重、融合推送"的数字化材料表单，实行"一表申请"。 将准入、准营多事项多部门多张申请表深度整合，合理划分审批阶段，分别归并为一张申请表，申请信息全部采用数字化填报，实现**可拓展业务申请信息表单模块化自动整合**，申请人一次报送，信息自动推送，全程共用。

3. 全方位建强一套体系，布岗明责完善联办机制。

建立集成便捷的咨询办理综合窗口机制。 在市、区两级政务服务大厅开设**"套餐办"专窗**，明确专人专岗专职，负责"套餐办"事项的综合指引与联动协调，按行业分类，由准营审批办理部门牵头设立**"综合办理窗口"**，负责"套餐办"事项的集成办理，实现"一次告知、一表申请、一窗收件、一套标准、易通审批、一窗反馈"。

建立跨层级、跨部门的分发流转机制。 市、区两级行政审批局会同相关部门建立跨层级、跨部门线上收件、后台流转分发、并联审批、联合送达机制，实现"套餐办"**集成办理内部流转**，保障集成办理机制的妥善顺畅衔接。

建立务实有效的审管协调联动机制。 聚焦企业实际需求，将"套餐办"场景扩展到企业全生命周期的各个环节，建立登记机关与属地街道镇区的**常态协同机制**，以"准入准营"改革为契机，推动解决开发建设、行业准入、区域发展等工作推进中遇到的困难问题，真正实现"准入即准营"。

三 创新成效

证照"套餐办"改革后，以新开一家超市（便利店）为例，在环节方面，营业执照、食品经营许可、烟草专卖零售许可证核发、公共场所卫生许可、公众聚集场所投入使用营业前消防安全检查店、招标牌设施设置备案等事项通过集成办理，只保留1个申证环节，避免了多次跑、折返跑；

在材料方面，申请材料由原来的29份压减为9份；

在时限方面，由原来的法定60个工作日减少为8个工作日。

创新启迪

南通着力打造具有国际竞争力的长三角高端制造新中心、更高水平创新性城市、江苏开放新门户、长三角经济发展新引擎，全力打造有求必应、无事不扰的"万事好通"营商环境品牌。南通创新的证照"套餐办"改革，跨部门跨层级聚合审批事项，全覆盖整合一张清单、全链条压至一个环节、全方位建强一套体系，明晰指引企业消除创业盲区，打造像"网购"一样的办事便捷体验。该项改革通过政策集成创新打通了市场准入的前延后伸环节，推进"准入又准营"，大幅降低了开办企业的制度性成本。

杭州市

>>> 创新综述 <<<

2022年，杭州市深入学习贯彻党的二十大精神，紧抓国家营商环境创新试点契机，注重对标对表，突出数字赋能，深化改革攻坚，全力提升营商环境市场化、法治化、国际化水平，以营商环境的"优"，助力实现全市经济稳进提质。根据《国务院关于开展营商环境创新试点工作的意见》精神，出台**《杭州市国家营商环境创新试点实施方案》**，推出153项改革，共509条具体举措。按照"一事项一方案"原则，逐项落实落细，形成"1个实施方案+153个专项方案"改革体系。召开**全市营商环境建设推进大会**，明确打造最优政务环境、法治环境、创新环境、信用环境、数治环境和人才环境。制定**《杭州市国家营商环境创新试点协调推进机制方案》**，建立工作例会、工作网络、分级协调、督查通报、信息报送等机制。上线**"营商环境创新试点改革监测模块"**，以数字化手段，加强改革的全过程管理。**及时总结提炼好经验好做法**，经6个国家营商环境创新试点城市合力探索，50项改革举措由国务院办公厅发文向全国复制推广。开展**《杭州市优化营商环境条例》立法**，全力营造创新与依法改革同步推进的有利环境。

HANG ZHOU

杭州市营商环境创新举措主要集中在以下方面：**在区域壁垒破除方面**，开展"1+N"远程异地多点评标，推动客货运电子证照跨区域互认与核验，创新商事登记中介服务管理，实施市场主体住所（经营场所）登记申报承诺制。**在市场机制改革方面**，创新开展市场准入效能评估，推行产业园区"规划环评＋项目环评"，探索建立市场主体除名制度。**在投资建设完善方面**，推行用地清单制，开展"联合验收一件事"，实现不动产首登"三零发证"。**在对外开放提升方面**，创新"数字监管赋能未来工厂"，优化"单一窗口"进出口货物查询服务，探索适用简易程序的单边预约定价安排。**在监管体制创新方面**，深化商事"共享法庭"，开展食用农产品生产主体信用综合监管，推进"全场景"监管一件事。**在公共服务优化方面**，创新企业办事"一照通办"、公安服务"一窗通办"、企业年报"多报合一"、"钱塘技工"数字化应用，推广杭州 e 融金融综合服务平台，深化多税合一申报改革。

>>> 创新实践 <<<

推行企业办事"一照通办"

一 举措内容

杭州市从企业和群众的需求出发，充分发挥数字经济和数字生态优势，在实现585项公民个人办事事项凭身份证"一证通办"的基础上，**深入推进电子营业执照深度应用**，依托浙江政务服务网及一体化智能化公共数据平台，采用在线获取、调用等多种方式共享企业身份认证、资质资格、参保证明等150余项信息，实现纸质营业执照等**687件材料"免提交"**，申请人仅凭电子营业执照即可**"一照通办"**医疗器械、交通运输、消毒产品生产企业卫生许可变更和原产地证签证、市政公用服务报装、银行贷款等251项高频服务事项。改革后，相关服务事项申报材料减少40%以上，办理时间平均压缩90%以上，即办事项达84%，有效提升了企业办事便利化水平。

二 创新亮点

1

扎实推进办事事项梳理，实现材料"应减尽减"。

坚持以企业需求为导向，以数字化改革为牵引，依托全国一体化在线政务服务平台（浙江政务服务网及一体化智能化公共数据平台），结合"减证便民"行动、电子证照共享应用改革、告知承诺制改革和推行容缺受理服务模式，在**"减材料"**方面持续发力。

全面开展涉企政务服务事项的梳理，重点对申报材料涉及营业执照的审批服务事项进行了核对，细化事项颗粒度，对于确需企业提交的申报材料合理区分必要件和非必要件，对非必要件均可实行"**容缺受理**"；对于政府部门产生的证照、批文等材料，采取"**智能获取**"的方式，实现企业"免提交"，最大限度为企业办事提供便利。

2

扎实推进电子证照汇聚，实现数据"应归尽归"。

坚持问题导向，将电子证照共享复用作为数据共享的重要领域、重要场景应用来抓，加强电子证照体系、电子证照归集、数据共享平台、安全监管平台以及实际有需求的"准证照"类证明材料"**绿色通道**"建设，满足多场景应用。

3

扎实推进电子营业执照推广，实现场景"应用尽用"。

深入推进电子营业执照在政务服务、公共服务、市场经济等领域推广应用，**建立电子营业执照共享互认机制**，深度融合线上线下服务，采用在线获取、调用等多种方式共享市场主体资格信息，实现由电子营业执照替代纸质营业执照进行企业身份证明以及身份认证，避免申请人反复提交纸质营业执照等身份证明文件，方便市场主体办事，提高政务服务效能。

三 创新成效

1 切实增强企业获得感

已经公布实施的251项企业办事"一照通办"事项申报材料共计减少企业申报材料753件，精简率达41.57%，其中"免提交"的687件由政府部门产生的证照、批文等材料，可直接通过共享获取或核验，无需申请人提交，办理时间平均压缩90%以上，即办事项达84%。

2 有效提升企业便利度

251项企业办事"一照通办"事项"免提交"的687件材料，主要涉及电子营业执照、身份证电子信息、社保参保证明、学历证明、各类资质资格证书等150余种，均可通过政府部门内部数据共享的方式直接获取或查验。截至目前，杭州已归集电子证照413类851种，基本实现存量证照数据"应归尽归"，累计调用达1.7亿次。

3 打造便捷服务新生态

推进电子营业执照的应用，使市场主体在许多办事场景中无需提交纸质营业执照，有效解决了企业和群众反映最为强烈申报材料重复提交的堵点问题，是实现市场主体和政府部门业务办理提速提质双赢的一项重大创新举措。截至目前，杭州市已拥有电子营业执照主体数量 162.81 万户，电子营业执照的数据调用量超 1768.46 万次。

创新启迪

杭州以打造世界一流的社会主义现代化国际大都市为目标，扎实推进国家营商环境创新试点，持续提升营商环境市场化、法治化、国际化水平。近年来杭州以数字化改革为牵引，积极推动人民群众和市场主体天天有感的"微改革"，形成优质经验。企业"一照通办"的模式充分发挥了数字经济和数字生态优势，实现申报材料"应减尽减"、数据"应归尽归"、场景"应用尽用"。实打实的改革举措充分释放了惠企利民红利，在提升企业便利度和获得感的同时，也打造了城市便捷服务的新生态，厚植有利于市场主体健康生长的沃土。

宁波市

>>> 创新综述 <<<

2022年，宁波锚定打造营商环境最优市目标，对标国际国内先进经验和做法，着力解决市场主体全生命周期的痛点、难点、堵点，加强改革系统集成，持续优化营商环境。建立市长牵头的优化营商环境工作联席会议制度，出台**《宁波市2022年优化营商环境重点任务清单》**和**《复制推广国家试点经验推进营商环境政策迭代升级三张清单》**，各部门配套制定60余项专项政策，形成宁波市优化营商环境5.0政策体系。

2022年度，宁波市营商环境创新举措主要集中在以下方面：在准入准营方面，分4类推进行政审批制度改革，实施涉企经营许可事项全覆盖清单管理，清理取消企业在资格资质获取、招投标、权益保护等方面的差异化待遇。在市场机制改革方面，深化企业"一站式"开办、"极简化"审批和歇业"一件事"改革，全市"企业开办全程网办"企业数占比99.96%，简易注销企业达到69.2%。全面实施**公平竞争审查**，入选全国首批商业秘密保护创新试点。在投资建设完善方面，创新推出**即办即走、分段审批、审查豁免、"极简式"审批、"隔空式"服务等审批方式**，试点建筑

NING BO

师负责制，全面开展抵押登记进银行"一站式办结"服务，实施**环保"绿岛"模式**并获得生态环境部全国推广。在对外开放提升方面，建设"甬e通"国际贸易一站式生态服务平台，创新大宗商品"检疫鉴定一体化"模式，一次登轮完成载货船舶所有检疫和查验，平均查检时间缩短2小时以上，实施宁波舟山港实现**跨辖区合作引航**。在监管体制创新方面，全面推进"大综合一体化"行政执法改革，率先开展**审判领域"当事人一件事"集成改革**，全市减少审判案件8703件，相当于同期一个基层法院平均收案量。在涉企服务优化方面，构建**"通则+专项+定制"人才政策体系**，打响做实**"宁波五优、人才无忧"**服务品牌，入选首批国家知识产权强市建设试点示范城市；建立85个**"民营企业司法服务联络站"**实体站点，上线"宁波法院服务企业在线平台"，打造"数智赋能+司法服务企业"新模式。

创新实践

财政三个"保"政策金融工具精准助力稳企稳岗

一、举措内容

为应对疫情以来我市小微企业和就业群体面临的切实困难，探索"财政+金融"纾困政策，创新推出"薪资保""稳业保""灵活保"组合式财政支持稳就业政策性金融工具。"薪资保"是定向保障小微企业职工薪资的专项信贷产品，"稳业保"是为受疫情影响的失业职工提供保障的专项保险产品，"灵活保"是面向灵活就业人员的工伤保障专项保险产品。三个"保"政策通过财政资金引导信贷、保险、担保等金融资源协同发力，放大撬动约30倍的信贷资金和最高30亿元的保险资金，借助商业性金融资源对最困难群体"先扶一把"，有效加强财政支持稳企稳岗的政策力度。

二、创新亮点

1. 聚焦市场痛点，破解市场失灵。

"薪资保" 是定向保障小微企业职工薪资的专项信用贷款产品，由合作银行向受疫情影响较大的小微企业提供10个月薪资贷款，按月精准直达职工工资账户。财政为贷款提供全额贴息，缓解企业疫情期间的现金流压力，企业承诺信贷期间不主动辞退员工，通过保住市场主体、稳住工作岗位来稳住就业市场。

"稳业保"　是面向受疫情影响的投保失业职工的专项保险产品，由合作保险公司提供最高 6000 元补偿，在现有政策性失业保险待遇基础上实现政策叠加，保费全额由财政承担，鼓励企业职工安心择业，实现再就业。

"灵活保"　是面向灵活就业人员的专项保险产品，由合作保险公司提供最高 33 万元的工伤保障，保费由财政承担一半，免除灵活就业后顾之忧。以政策性金融产品为牵引，聚合专业监管力量优化风控模式，并辅以分类监管机制，解决金融"市场失灵"问题，让小微企业、灵活就业人员等"市场失灵"群体的信贷、保险需求得到满足。

2. 提增多方效益，优化资金绩效。

三个"保"政策具有"**小切口、大作用，花小钱、办大事**"的特点，通过财政资金引导信贷、保险、担保等金融资源协同发力，放大撬动约 30 倍的信贷资金和最高 30 亿元的保险资金进入宁波市场。

同时，3款政策性金融产品在设计上通过多种途径**提高财政"性价比"**，节约财政资金支出。"薪资保"通过政府性融资担保公司的信贷增信和央行货币信贷工具的政策支持，实现3.5%的统一贷款利率，低于全市普惠小微企业当年累放贷款年化利率1.81个百分点，**金融进一步让利于企**。"稳业保"和"灵活保"由政府主导产品推广确保客户基数，实现保险产品的**"大数法则"**，"稳业保"实现最高120倍的杠杆倍数，"灵活保"与市场上类似产品相比将保险定价压低约40%-70%（根据不同职业），有效提高了保险保障能力。

3. 实现多个直达，优化政策体验。

通过制度顶层设计，实现政策直达基层	出台《关于推进财政支持稳就业促共富工作实施方案》（甬财金〔2022〕555号），建立"市-区（县、市）-乡镇（街道）"三级贯通的工作联系网络，每个乡镇街道实现责任到人。
优化产品设计和资金兑付渠道	三个"保"产品的财政贴息补助、财政保费补助均实现"先贴后结"，无需小微企业和就业人员先行垫付，进一步减轻收益对象负担。

叠加科技手段，实现服务直达主体

各金融机构加大研发投入，"薪资保"上线了全线上化"T+0"授信审批系统，"稳业保"线上投保平台投入使用，"灵活保"接入"就在宁波"灵活就业综合保障平台，科技助力提升受益对象政策体验感。

三 创新成效

三个"保"政策自今年7月正式推出以来，市场反响热烈。截至2022年末，"薪资保"有效授信额度（明确10个月内分月发放到职工账户）179.1亿元，惠及4246户小微企业的37.7万名职工。"稳业保"已经覆盖来自5765户企业的32.9万名职工。"灵活保"已完成投保21.9万人。

创新启迪

宁波作为长江三角洲南翼经济中心城市，以打造最优营商环境作为抓手，为市场主体排忧解难、为市场壮大增活力、为经济发展创空间。宁波积极探索"财政+金融"的思路，创新推出定向保障小微企业职工薪资的"薪资保"产品、为受疫情影响的失业职工提供保障的"稳业保"产品以及面向灵活就业人员的工伤保障专项"灵活保"等政策性金融工具。系列举措统筹财政性和商业性金融资源，充分发挥财政杠杆作用，引导商业性金融资源更好为实体经济服务，助力解决小微企业和各类就业群体的实际困难。

合肥市

>>> 创新综述 <<<

2022 年以来，合肥市深入贯彻落实党中央、国务院决策部署，连续 4 年迭代实施 516 项改革措施，让市场主体见证"合肥速度"，感受"合肥温度"。在国办电子政务办开展的"网上政务服务能力调查评估"中，合肥连续四年位居全国前列；在全国工商联发布的 2022 年度"万家民营企业评营商环境"中，合肥首次进入全国前 10。

2022 年，合肥市深入推进市场化改革。纳税信用等级 A 级、B 级企业之间不动产交易办理时限压缩至半小时。探索建立知识产权证券化产品经常性发行机制，知识产权证券化产品融资近 3.9 亿元。"信易贷"平台入驻企业突破 26.2 万户，授信总额近 1200 亿元，获"全国中小企业融资综合信用服务特色平台"称号。加快法治化建设步伐。印发《合肥市打造一流法治化营商环境行动方案》，强化营商环境法治保障。依托中国（合肥）知识产权保护中心，专利授权周期压缩至 3 个月，较普通授权周期缩减 85% 以上。建立防范和治理政务失信的长效机制，政务失信治理对象实现清零，成功创建全国法治政府建设示范市。国际化水平明显提升。合肥中欧班列运费分段结算试点等举措先后落地，海关特殊监管区域"无感

HE FEI

通关"、出口退税无纸化等便利化举措进一步推广。出口退税平均时间不超过3个工作日，2022年共办理出口退（免）税额206.62亿元。新开通国际货运航线3条，中欧班列开行768列、净增百列。出台"人才政策20条""重点产业人才7条"等，汇聚人才超200万人，来肥就业的高校毕业生年均超过20万人。广泛推行便利化举措。企业开办实现"照、章、税、银、保、金、医"全部事项1日办结。全面实现企业办电红线外"零投资"，2022年为企业节约投资成本7302万元。发布40项市级产业政策"免申即享"清单，兑现资金达8.39亿元。开设12345热线"为企服务"专席，共受理企业诉求8.7万件，办结率99.95%。

合肥市将深入贯彻落实党的二十大精神，以更高标准、更大力度、更实举措，持续开展营商环境迭代优化专项行动，着力打造市场化、法治化、国际化营商环境，向着"创建全国一流营商环境"的目标奋力迈进。

创新实践

法院构建"云办案"模式
深化智慧法院建设　助力优化营商环境

一　举措内容

法治是最好的营商环境。近年来，合肥两级法院持续推进**科技与审判执行、诉讼服务、司法管理等工作深度融合**，大力推进**"无纸化办案""智能中间库""互联网法庭"**等智能化应用，为企业群众提供优质、便捷、高效的司法服务，用心用情滋养出稳定公平透明、可预期的良好法治环境。

二　创新亮点

1　"云立案"助力司法便民。

围绕**一站式多元解纷和诉讼服务体系建设**，将诉讼服务大厅延伸至诉讼服务网、12368 诉讼服务热线、手机客户端，拓展微法院、微立案、微缴费等诉讼服务，通过在线立案、在线交费、在线调解、跨域立案等线上诉讼服务，**实现案件就近能立、多点可立、少跑快立**。

2 "云审判"提升办案效率。

深度推进"**云上法庭**"模式，建成科技法庭 236 个，其中互联网法庭 76 个、庭审直播系统 193 套、庭审语音录入系统 67 套、电子质证系统 9 套，可实现看守所远程开庭的法庭 50 个。借助讯飞互联网庭审、庭审回溯、电子签名、无书记员模式、远程提讯等多项技术手段，有效保障当事人各项权利。

2022 年，庭审直播案件 53670 件，庭审语音录入系统使用 17588 次。服务供给侧结构性改革，建成**破产案件一体化管理平台**，提升破产审判效率。上线**要素式审判系统**，推进金融、保险、物业等类型案件全在线、批量化、要素式审理，实现繁简分流、快慢分道。坚持和发展新时代"枫桥经验"，深化"**互联网 + 多元调解**"，积极打造线上类型化专业化调解平台，诉前调解案件 139939 件。**在全国率先将量子加密技术融入"5G+ 庭审**"，筑牢网络数据安全屏障，打造安全、高效、便捷的在线诉讼新模式。

3 "云执行"维护胜诉权益。

推广应用**网络执行查控系统**，在执行环节建立流水线式作业流程，同时**用人工智能技术代替人工**完成执行环节案件接收、身份核对、文书送达、总对总、点对点查控以及冻结等 18 个场景的业务操作，从立案到财产查询结果反馈的周期由原来的 10 天缩短至 5 天。拓展执行查控信息系统，上线"司法查控 + 不动产登记"平台，实现不动产司法查控由"登门临柜"变为"一网通办""指尖秒办"。与交警部门共建车辆查控平台，完善车辆查封、解封、临控、查找功能。深化执行联动机制建设，建成"网上赋强公证平台"，助力快速化解金融纠纷。加大网络司法拍卖力度，搭建合肥法拍直播中心，上线运行智槌辅助系统，举办网上司法拍卖节，拍卖成交金额达 4.56 亿元。

4　"云办公"减轻法官负担。

推进全流程司法辅助外包管理模式，建设无纸化办案系统，建成"智能中间库"，实现类案检索推送、网上阅卷、智能云柜推送、电子卷宗查阅、随案生成电子卷宗等功能。通过智能化审判辅助系统，实现从诉前、立案到审判、执行的全流程、端到端的自动化操作，有效解决审核材料多、任务重复率高、卷宗流转过程长等问题，将办案人员从繁杂的事务性工作中解放出来，实现为法官减压、为司法加速。

三　创新成效

合肥法院"云办案"模式的不断创新，为当事人提供智能化、规范化、便捷化的互联网司法服务，最大程度减轻企业群众诉累，高效化解各类矛盾纠纷。

2022年，合肥两级法院共完成网上立案168361件，跨域立案322件，网上缴费率89.7%，电子送达率90.05%，有力实现"一站服务、一网通办、一次办成"。2022年，全市法院共审执结案363437件，同比上升36.38%，跑出了优化营商环境"加速度"。

创新启迪

合肥作为长三角世界级城市群副中心、"一带一路"和长江经济带"双节点"城市，持续推出营商环境改革措施，以营商环境之"优"谋发展之"进"。合肥法院创新"云办案"模式，深化智慧法院建设，探索"云立案""云审判""云调解""云执行"，实现安全、高效、便捷的在线诉讼新模式，推进"云办公"为法官减压、为司法加速，为企业群众提供了智能化、规范化、便捷化的互联网司法服务。

福州市

>>> 创新综述 <<<

福州市将优化营商环境作为长期推进的重点工作之一，早谋划、高站位、抢开局，在国内较早全面启动、系统部署，通过健全机制、动态推进、对标对表和构建平台等，实施了一系列扎实有效的举措全面推动优化营商环境工作。2022年10月31日，发布《福州市营商环境创新改革行动计划》，正式启动**营商环境5.0版改革**，围绕6大环境，着眼19个领域，详列160条重点改革措施，加快打造能办事、快办事、办成事、好办事的"便利福州"。

扎实开展"千名干部进千企"服务企业活动；建立**营商工作体验制度**，推动各相关单位及各县（市）区开展营商环境常态化体验工作；升级**"互联网＋政务服务＋金融服务"**，实现政银企三方合作共赢。优化工程建设项目审批流程，**成立审批审查协调中心**，进一步加快推进审批服务线上线下深度融合。**设立企业服务大厅**，做到财产登记"一门一窗一站式"精细化服务；**全省首推二手房办证"带押过户"新模式**。完成水、电、气、网等市政公用事项"一站式"服务。**推动纾困增产增效专项资金贷款落地**，

FU ZHOU

获得制造业融资 126 笔 5.12 亿元。**推出出口退税"备案单证电子化"功能**，一、二类出口企业办理退（免）税压缩至 3 个工作日；**推动"银税互动"**，为 6500 多户中小微企业发放信用贷款约 115.5 亿元。压缩跨境贸易整体通关时间，**开通 APEC 商务旅行卡专用通道**，提高国际竞争力，把握 RCEP 大市场发展机遇。**出台《证券纠纷普通代表人诉讼程序操作规则》**，定期举行保护中小投资者主题活动，为投资者提供法律咨询服务。**全省率先推出"年度投标保证金信用免抵押服务"**，已有 391 家投标企业获得贷款 2.09 亿元。实现政务服务"两厅合一"，整合市行政服务中心、市市民服务中心，挂牌**设立全省首家政务服务中心**，同时开设 24 小时智慧大厅，由传统大厅"集成化"模式向零人工"智慧化"模式转型升级。出台《福州市进一步推动大众创业万众创新工作的补充意见》，**国内首创对入驻双创孵化载体小微企业减免 6 个月租金**，助力小微企业应对疫情冲击。

创新实践

打造"共享营业厅",实现"水电气网"一窗联办

一、举措内容

福州市通过整合公共服务资源、优化业务流程、打造网上办事平台、推进线上线下融合等改革手段,建立了供水、供电、供气和供网(以下简称"水电气网")联办报装服务新模式,打造"共享营业厅",实现"水电气网"一窗联办。

二、创新亮点

水电气网联办由原来的"**分头办、多次办**"到"**一窗办、联合办**"**服务模式转变**,全市范围水电气网打造"五个一"联动报装服务模式,为客户构建资源共享、互惠互利的"一站式"服务。

1

一口登记,早服务。

开办企业投资项目在土地出让阶段,依托市工程建设项目审批平台,将客户潜在办水、办电、办气、办网需求传递给"水电气网"等公用服务单位,各公用服务单位提前对接客户并将客户潜在需求纳入产业项目信息库。

同时，对水电气网的公建配套设施还未覆盖的区域提前实施规划布点，为客户提供"先导"办理服务。

2

一表申请，减材料。

梳理水电气网报装所需的共性材料，统一整合为《福州市用户水电气网协同报装申请表》，实现"一张表格，多项联办"。

通过贯通福州政务平台，在线获取身份证、营业执照、不动产权证等资质证照资料，无需用户重复提交，实现**业务办理"免提资"**。

3

一窗受理，减跑腿。

水电气网等单位共享营业窗口，各公用服务单位实地踏勘后将建设方案回传至省网上办事大厅，由共享营业厅统一答复客户，客户可享受**水电气网报装"一次申请、综合受理，区域通办、就近可办"**便捷服务。

4

一网流转，提效率。

整合福建省网上办事大厅、闽政通 APP 和"e 福州"平台水电气网报装功能模块，打通水电气网自有系统，客户可通过"网上国网"APP、福建省网上办事大厅网站等渠道进行"水电气网"联办，**为客户提供"一窗申请、线上联办"服务**，持续提升客户办事质效。

5

一体踏勘，减时间。

外线接驳工程涉及行政审批的事项，实行告知承诺制，即时办结；不适用告知承诺制的行政审批事项，由市城管委组织水电气网企业及专业单位联合会商、联合踏勘、一口答复，提升工作效率。

三、创新成效

水、电、气、网新装联办服务，深化各公用服务单位间的业务合作，将供电、供水、燃气、广电网络所需的报装信息统一整合，用户可根据实际需要，自行组合需办理的水、电、气、网事项。

目前，在"水电气网业务联动办理专窗"，用户仅需提交"一套资料"，即可联办水电气相关业务，实现公共服务业务"一窗受理""一门办理""一链办理""一口答复"的"套餐式"服务。

通过"五个一"创新服务机制，让数据"多跑路"，让客户"少跑腿"，让服务"全共享"，让环境"更优化"，切实推进水电气网"洽谈即服务""开工即配套"的服务举措落地。

截至目前，已建成 85 个共享营业厅，累计为近 500 名客户提供联办服务，将企业客户办理流程手续的时间压缩 50% 以上。

创新启迪

立足建设现代化国际城市、21 世纪海上丝绸之路战略枢纽城市的目标，福州实施了一系列扎实有效的举措全面推动优化营商环境工作，加快打造"便利福州"。福州市打造的"共享营业厅"，建立了"水电气网"联办报装服务新模式，实现一口登记、一表申请、一窗受理、一网流转、一体踏勘、做到让数据"多跑路"，让客户"少跑腿"，让服务"全共享"，让环境"更优化"。举措从需求侧出发，借力数字技术重塑业务流程，显著减少了业务办理的时间成本，为市场主体提供了资源共享、互惠互利的"一站式"体验，让企业充分享受到改革红利。

厦门市

>>> 创新综述 <<<

从 2015 年开始，厦门率先参照世行评价体系在全国开展营商环境建设工作，对标最优做法，打造最优品质的营商环境，坚持刀刃向内直面改革，以体制机制改革创新破解营商环境难题，以先进城市最优做法为目标导向，以企业需求为问题导向，大力营造更优的**法治生态**、**创新生态**、**人才生态**，塑造以制度创新为核心的营商环境新优势，不断擦亮营商环境"金字招牌"。

2022 年度，厦门市营商环境创新举措主要集中在以下方面：出台实施**《厦门经济特区优化营商环境条例》**；在全国 80 个营商环境参评城市中首个出台实施**数字化营商环境提升方案**；全面推动"全程网办"，加快不动产登记、车驾管、出入境等"一窗通办"，食品药品、医疗器械等"证照联办"；着力推动"无感办"，全面推广电子证照、电子印章、电子档案，群众办事只需刷脸认证，无需提供身份证照；打造**智慧办税厅**，智能分析纳税人行为、办税痛难点等，推出"远程帮办"；精简审批流程，疫情期间"不见面审批"办理量占比六成以上；电子投标保函使用率超 98%；建成**"免申即享"**平台，累计上线 117 项政策，兑现 8.38 亿元；

XIA MEN

全国首创"e 政务"自助服务，整合 23 个部门 280 个高频事项，建成 430 个"e 政务"便民服务站，自助服务跨省通办覆盖 9 省 37 地市；畅通渠道广泛收集企业意见，在 217 家民营企业和商协会设立**营商环境监督联系点**；开展常态化营商环境体验活动；构建具有国际竞争力的人才制度体系，升级"双百计划"，优化"**群鹭兴厦**"，发布"**留厦六条**"；提升企业融资便利度，在全国首创**中小微企业融资增信基金模式**，优化全国"信易贷"平台功能，创新纯信用信贷产品，进一步简化应急还贷资金申请流程，累计发放应急还贷资金 59 亿元，运用增信基金撬动信用贷款 43 亿元；探索**混合产业用地供给**，鼓励产业项目用地多用途混合利用和灵活调整。厦门以企业需求为导向大胆探索，在多个领域实现领跑，连续三年国家营商环境评价中位居前列，获评全国标杆城市，营商环境已经成为厦门的一张亮丽的新名片。

创新实践

电力外线工程"零投资"，打造"Easier 办电"服务模式

一 举措内容

为进一步优化电力营商环境，厦门市工信局、发改委、财政局持续出台政策，明确全市、全容量用户建筑区划红线连接至公共电网的电力工程建设费由政府和电力公司共担。结合政策落地，国网厦门供电公司迭代打造**"Easier 办电"（更易办电）模式**，切实降低企业接电成本，提供延伸投资模式下的高效接电服务，以"软环境"抵消"硬成本"，为厦门经济发展增加蓬勃动力。

二 创新亮点

1

政企联动，延伸投资全覆盖

2020 年，厦门供电公司首次提出"中小企业外线零投资"。市工信局、发改委、财政局联合出台用电容量 1250 千伏安及以下企业外线"零投资"政策，由政府出资，供电公司专业组织实施，统一开展占掘路报备、管沟建设、电缆敷设等工程，简化企业以往需分别办理的设计、施工、采购、工程结算等环节。

2022年，相关部门成立工作专班，总结中小微企业外线零投资政策经验，结合厦门实际，出台《**关于规范用户电力外线工程投资界面的实施方案**》，明确10千伏及以上供电用户及保障性安居工程、新建商品房外线工程由政府承担，并同步出台办事指南，对非园区零散报装用户延伸投资政策适用范围、工程建设实施、资金预算管理等进一步明确。

2

"契约服务"，适度超前企业接入需求

厦门供电公司基于政企联席机制，统筹做好配网工程与延伸投资工程的整体规划，将公网主干网络一次性配建到位，实现"**主网、配网、用户接入**"一体规划。

基于"建设项目管理平台"实时推送建设项目信息，共享项目备案表、营业执照等资料，主动对接客户完成方案答复，**办电过程"免资料、免申请、免等待"**。

根据项目开竣工时间编制施工用电和正式用电实施计划，并与客户签订接电服务契约，明确双方责任、完成事项及时间等内容。同时，以项目计划开工、竣工时间为基础，跟踪获取项目施工许可、竣工备案等行政审批进程信息，适应性调整、预警电力外线工程建设进度，确保适度超前企业接入需求。

3

"开门用电"，园区用户"拎包入住"

"零投资"政策明确园区企业电力外线工程由园区业主投资。厦门供电公司前移服务关口，提前对接规划部门和园区管委会，**将电力设施配套建设融入园区整体规划**，实现一张蓝图绘到底。

工程实施中，施工、设计、监理提前介入，统筹梳理工程建设全流程节点，实现工程建设部分环节串改并。通过将供电、高低压配电设备及相关配套设施全面延伸到企业厂房红线内，提前装表立户，后期企业在进驻时仅需线上办理过户即可，实现企业**进驻即用电**"容量不受限、办电不等待、接电不停电"。

三 创新成效

1 接电成本大幅下降

政策出台以来累计为厦门企业节省办电投资 3700 多万元，2022 年全市范围、全容量"零投资"政策预计一年可为企业节省 3.6 亿元。以厦门市森山幽谷生态科技有限公司为例，该企业地处深山野岭，需要翻山越岭架设 1700 米电缆，为客户节省了 265 万元。

2 业扩报装全面提速

在厦门集美软件园三期、同安现代服务业基地相继建成"开门用电"示范区，完成由"企业等电"向"电等企业"转变，大幅提升园区招商引资竞争力。

创新启迪

作为国际航运中心、国际贸易中心、国际旅游会展中心、区域创新中心、区域金融中心和金砖国家新工业革命伙伴关系创新基地建设，厦门正塑造以制度创新为核心的营商环境新优势，争创国际一流营商环境。厦门打造的"Easier 办电"模式，通过流程前置、用电整体租赁等创新机制压缩了办电的经济成本、优化了办电流程，实现"进驻即用电，容量不受限，接电不停电"。这一举措帮助企业开业实现更低成本、更高效率，为企业排忧解难的同时，也点亮了企业在厦投资兴业的信心。

泉州市

>>> 创新综述 <<<

2022年，泉州市优化营商环境三年行动进入第二年，泉州市委市政府在"晋江经验"的指引下，坚持"顶层设计"和切实管用相结合、战略定力和精准发力相结合、长远谋划和及时见效相结合，提升**"便利泉州"**水平，引导和帮助民营企业降本增效、转型升级，不断提高抗风险能力、智能化水平。制定出台《**泉州市贯彻落实"提高效率、提升效能、提增效益"优化营商环境攻坚行动方案**》，年度工作任务169项已超时序进度完成。市市场监管局简单变更事项"免申即办"、晋江市"免证办"、国网泉州供电公司园区标准化用电管理体系、南安市人民调解"三金"机制、市人社局"泉用工"机制等5项工作被省营商办列为典型案例。市行政服务中心管委会牵头打造水电气网市政共服务事攻共享营业厅，涵盖企业、个人、工程项目三类用户，覆盖新设、变更、注销全生命周期，拓展网上办、掌上办、自助办、扫码办、免证办、异地办等多维度办理方式，并获批省级地市标准立项，拟全省推广应用。台商投资区"亲清家园"智慧监督服务平台获第三届"中国廉洁创新奖"。

QUAN ZHOU

　　2022 年度，泉州市营商环境创新举措主要集中在以下方面：实施**政府采购"清隐去垒"行动**，共为投标人节省投标（响应）保证金约 10.76 亿元；节省履约保证金约 2.33 亿；试行市场监管领域许可（备案）简单变更事项**"免申即办"**改革，16 个事项共可减少 48 份材料；推出**园区"开关站（环网室、环网柜）+ 公用配电室 + 专变配电室"的供配电模式**，整体供电周期缩短 40%；创新开辟**汇率避险政府"公共保证金池"模式**，成功为 100 企业共计 2.1 亿美元外贸订单提供"免保证金"远期结售汇服务；推进**涉案企业合规改革试点**，助力营造安商惠企法治化营商环境；建成**惠企政策线上直达平台**，实现惠企政策一站查询、在线申报。

创新实践

项目落地"e联审"一链办

一 举措内容

发展为要,项目为王。2022年,泉州市政务服务中心以企业需求和城市发展为出发点,瞄准项目全生命周期,按照环节最简、时间最短的原则,一方面数字改革,一方面流程再造,为项目审批落地打造了功能齐全的**"一窗受理、在线联办、即时协同、信息共享、集成服务"的政务超市和立体式服务**,实现项目审批落地**"e联审"一链办**,让企业省时省钱省心,真正享受改革红利,为泉州"强产业、兴城市"双轮驱动提供强大支撑。

二 创新亮点

1. 推行"模拟审批""帮办代办""台账管理"三项机制有机结合,让审批至简、服务至优,为企业省时。

一次办好,全程提速审批服务

以"模拟审批"方式,充分利用土地报批期间的空档期,提前介入项目的前期审批工作,企业可以在还未完全具备法定审批条件时先行提交材料,部门将提前进行实质性技术审查,提出模拟审批意见。待企业备全法定条件后,模拟审批意见可快速转化为正式审批,有效整合各审批事项的审批工作时间，有效破解土地报批环节冗长的瓶颈。

一套人马，全程代办审批事项

开设帮办代办服务专窗，配备"线上客服""线下专员"，主动靠前服务，无偿为项目单位提供"引导办、预约办、一对一"服务，指导梳理材料、补正表格等，以优质服务将企业"等地期"变为"加速期"，确保项目推进不走弯路，减少企业往返跑路。

一个原则，全程化解审批梗阻

健全重点项目台账管理分析机制，实现台账登记管理、咨询管理、进展查询、台账档案管理等功能，建立重点项目微信群，提供管家式服务，实现联动机制效益最大化。

2. 推行政府购买图审服务，实现施工图审查全过程网办、零付费图审、全流程监管，促进项目审批提速增效，为企业省钱。

实行"政府买单"，减轻企业负担

将建设项目审图业务统一打包，通过公开招投标、市场竞价方式确定图审机构，签订购买合同，由政府集中购买施工图审查服务。业主只需线上提供材料，实现图审零付费。

实行"一窗受理"，提高审图效率

设立图审服务窗口，引导中标审图机构入驻，图审总耗时统一控制在 11 个工作日以内，其中大型房屋建筑工程、市政基础设施工程为 8 个工作日，复审时限为 3 个工作日。企业在家就能拿到审查合格的施工图，实现服务零距离。

实行"集中管控",提升图审水平　　将消防设计审核、人防设计审查、防雷装置设计审查等技术审查并入图审内容,实现"多审合一",实现材料零跑腿。

3. 推行"拿地即开工""交地即交证",实现用地企业审批环节"超前介入"和开工证件"极速核发",为企业省心。

产业项目落地审批流程制约速度的主要因素集中在土地手续等办理环节,而用地企业的时间就是"真金白银",早一日开工就能省一天成本、早一天产生效益。泉州打破传统工程建设项目的分阶段审批模式,通过重置体系、再造流程,使项目立项、环评、能评、水保等多项手续及多个环节同时起步、并联审批、限时办结,充分利用电子证照、电子印章提升信息化服务水平,改变一个部门审批结束再交给另一个部门的程序,**部门审批从"接力跑"变"同时跑"**,折叠审批前期耗时,用地企业可享拿地与开工、交地与交证"零时差"的优质服务。

三、创新成效

1　　推行项目审批"帮办代办""模拟审批""台账管理"三项工作机制以来,市县两级共有703个项目签约委托"帮代办"服务,目前已完成668个;"模拟审批"推动市县两级2922个工程建设项目完成审批,777个项目提前开工,涉及项目总投资25607亿元;"台账管理"每月形成重点项目台账管理分析报告,确实解决企业"堵点""难点",减材料、减环节、减时限、提升即办率"三减一提升"进入全省前列。

2 ▶ 推行政府购买图审服务以来，审图耗时由原来的短则半个月、长则达半年以上，压缩至 11 个工作日以内，彻底破解施工图审查耗时长、环节复杂而影响项目审批效率的困局，全市已有 7 个县区已正式启用政府集中购买图审服务，有 2 个县区正在推进购买图审服务工作。截至目前，全市完成图审服务 391 件。

3 ▶ 破解企业投资项目审批环节多、流程长、落地难等堵点、痛点、难点问题，过去拿地到开工需 2 个月时间，实现"拿地即开工""交地即交证"后，不仅为企业节约了时间也节约了用地成本。目前，泉州有 8 个县（市、区）实现"拿地即开工""交地即交证"，开启企业办证"直通车"模式。

创新启迪

泉州作为全国民营经济示范城市，传承"爱商亲商"精神、弘扬"晋江经验"，把优化营商环境作为"一号改革工程"。泉州"e 联审"一链办系统，为工程审批加速，"帮办代办、台账管理、项目图申政府买单、土地手续极速办理"等一系列全链条式服务，让企业投资项目实现"拿地即开工""交地即交证"。"e 联审"的"极简"审批服务模式，打通了城市内部的行政壁垒，在提升效率的同时也让审批更加规范、透明和可预期，有助于巩固提升民营经济发展高地，为全市"强产业、兴城市"双轮驱动提供有力支撑。

南昌市

>>> 创新综述 <<<

南昌市坚持把市场主体和群众获得感、满意度作为评价标尺，聚焦聚力解决好办事创业的痛点、堵点和难点问题，推出了一系列优化营商环境的改革攻坚举措，实现了**办事不用求人、办事依法依规、办事便捷高效、办事暖心爽心**。

2022年度，南昌市营商环境创新举措主要集中在以下方面：全面推行内外资企业开办"半日结""零成本"，节约了市场主体的办事成本；建立政府部门联动机制，印发**行业重点支持企业"白名单"**、受疫情影响企业名单向银行机构推送，解决了银企信息不对称问题；深入学习发达城市零计划停电提升措施，结合自身配电网发展特点，在红谷滩南部核心区试点打造**南昌高可靠性配电网示范区**；实行**审批事项清单制管理**，使并联审批更规范、更具体、更好操作；成立**"一带一路"国际商事调解中心南昌经开法院调解室**，促进涉外民商事案件的高效、多元化解；创新实施**"和谐仲裁"**模式，实行"柔性调解""阳光仲裁"，妥善化解各类劳动纠纷；在工程建设项目领域实施**三大超简改革**，极大程度缩短审批时限，节约建设资金；政务服务事项网上可办率

NAN CHANG

达 96.12%，800 余事项**"免证办"**，90 项左右事项实现**"智能审批"**，240 种 2000 余万电子证照在线获取，18 余亿资金**"惠企通"**直达兑现；完善"就近办""网上办""自助办"线上线下相融合服务模式，提供"家门口式"就近服务，减少跑动路途与时间成本；实施了**"孺子书房"**项目建设，探索城市阅读服务创新（连锁）模式；在农村开展**普惠金融乡村服务站**建设，解决了线上获得信贷难、乡村金融服务"最后一公里"的问题；推行**社区嵌入式养老院**建设，社区和居家养老服务供给更加优化；开设**南昌市教育服务中心网上平台转学功能**，让家长一次不跑；制定出台系列政策规范南昌市校外培训，强化"双减"成效；探索**失业再创业帮扶新模式**，开展"百场校招"活动，推行稳岗返还补贴"免申即享"，进一步稳就业、保增长，助力企业纾困解难；施行**"带押过户"**便民举措，"交房即交证"全流程"云登记"，让群众真正享受便利。

创新实践

推行智慧化预警多点触发式监管

一、举措内容

南昌市市场监管局积极创新监管方式，依托**智慧市场监管平台**，探索出 **10 大触发机制**，推行**智慧化预警多点触发式监管**。通过智慧化多点触发，提高了监管的精准性、协同性、靶向性，既坚守了安全底线，又减少了对企业的干预，为企业营造宽松的经营环境，为新业态新模式发展留足空间。

二、创新亮点

1 创新监管模式，探索触发机制

① 以"民声"为按键。依托 12315、12345 投诉举报平台，对消费者权益争议的投诉进行调解，对违法线索的举报，依法开展核查，实施触发式监管。

② 以警铃为命令。依托 96369 电梯应急处置平台，对电梯使用管理、维保单位和电梯安全违法行为投诉举报线索，立即响应开展核查，实施触发式监管。

③ **以问题为导向**。依托国家食品安全抽样检验信息平台，对抽检信息进行统计、汇总、分析，查找食品安全隐患，对不合格抽检信息依法开展核查处置，实施触发式监管。

④ **以药店为哨点**。依托南昌市药店数字防疫信息登记平台，对系统监测到的"四类药品"销售异常增长情况及发热、红黄码、购买"一退一止两抗"药品等购药人员开展核查，实施触发式监管。

⑤ **以舆情为信号**。依托智慧市场监管平台舆情监测系统，捕捉相关报道评论，密切跟踪舆情走向，对负面舆情开展调查处理，实施触发式监管。

⑥ **以广告为线索**。依托网络广告监测系统，对监测中发现的违法广告线索迅速开展核查处置，实施触发式监管。

⑦ **以网络为路径**。依托网络交易监测系统，对监测到的经营主体在网站、网店服务交易违法线索，开展调查处理，实施触发式监管。

⑧ **以效期为红线**。依托平台预警功能模块，对许可证过期、特种设备检验周期到期等触发预警，分派调查处理，实施触发式监管。

⑨ **以报备为先导**。依托洪溯源平台报备来货信息，南昌深圳农产品中心批发市场的无报备来货车辆发出预警后，驻场执法人员立即对车辆和车载食用农产品开展检查，实施触发式监管。

⑩ **以信用为考点**。依托江西省"双随机、一公开"平台，在监管中根据市场主体信用风险分类结果实施分类管理，有效实现市场主体信用风险监测预警。

2 建立联动机制，实现精准监管

完善**覆盖市、县（区）和基层的三级联动智慧市场监管平台**，对监管领域数据全部入库管理。在智慧市场监管 APP，监管工作人员通过勾选检查事项，即可实现监管人员巡查检查信息、行业监管信息等多维度数据即时统计和调取，提升效率。

建立**大数据采集、分析制度**，根据企业风险警示类别实施**分级分类科学监管**，有效降低安全事故发生概率。结合日常监管结果，自动将违法违规情形多的企业信息推送至相应监管单位，实行精准定向检查和专项任务检查。对检查情况全程留痕，事后通过倒查检查记录，有效落实监管人员责任。

3 优化指挥调度，实时远程监管

指挥调度扁平化

依托智慧市场监管平台，建立集中统一的**市场监管指挥调度中心**，以电子地图为载体，全面展现市场主体、监管部门、监管人员基本信息和位置信息。将云视讯、集群对讲等应用接入平台，实现执法现场连线、远程指挥调度、应急事件处置等功能。遇到重大应急事件，能够多级响应，实现对全市监管力量的统一调度和高效指挥。

| 实时监管远程化 | 监管人员运用**平台"在线检查"功能**，按照查看权限，在平台上查看实时监控视频，对检查事项进行勾选，远程完成日常检查工作，工作效率和监管效能获得"双提升"。 |

三 创新成效

智慧化预警多点触发式监管新模式，改变了过去行政效率较慢、发现问题被动应对以及对企业任意干扰的局面。"化被动为主动，从摸排到触发，变单一为集合"，建立起**触发监管、智慧监管、信用监管和包容审慎监管四位一体的新型监管模式**。2022 年以来，通过智慧预警处置各类信息 23135 件，以问题为导向，分类管理，精准出击，查处案件 1200 余件。

创新启迪

南昌为建设中部地区重要的创新中心、智造中心、金融中心、消费中心，以"办事不用求人、办事依法依规、办事便捷高效、办事暖心爽心"为目标优化营商环境。南昌依托智慧市场监管平台，通过投诉举报热线、电梯应急处置平台、舆情监测系统、网络交易监测系统、溯源平台等工具创新监管方式，实施分级分类科学监管，实现指挥调度扁平化、实时监管远程化。这一系统实现了跨部门、跨领域数据采集和集成，提高了市场监管和服务的精准性、协同性、靶向性，让"无事不扰，有事必应"落到实处。

济南市

>>> 创新综述 <<<

济南始终将优化营商环境作为全面深化改革的重点任务和提升城市核心竞争力的重要抓手，2022年3月，**《济南市优化营商环境条例》**正式施行，围绕企业、个人、项目和服务"全生命周期"，着力推进数字化转型，持续深化**"在泉城·全办成"改革**，营商环境建设整体水平持续位列全国第一方阵，城市政商关系位列全国第九名。

2022年，为更好激发各类市场主体活力，济南加快推进市场机制改革。持续放宽市场准入，推动**"非禁即入"**普遍落实。大力推进**"双向"混改**，充分发挥"国有企业优势＋民营企业机制"，形成独具特色的**"市属国企＋央属国企＋民营企业"的混改模式**。为厚植市场主体成长的"沃土"，济南不断完善投资建设环境，创新推出**"用地清单制"**，实现"拿地即实施"，可缩短项目建设周期3—6个月、节省用地成本约3万元／亩。建立**全国首家"知识产权协同保护警务工作站"**，成立**山东自贸试验区济南片区知识产权维权援助工作站**，为企业提供维权援助和海外知识产权纠纷应对指导。主动提升对外开放水平，济南为市场主体提

JI NAN

供更优质服务。推行"不见面审批"，**全国首创智惠导服系统**让群众办事像网购一样方便。梳理外商投资企业相关办事流程和重点政策服务指南，编制**"三清单一计划"**，规范外商投资领域事中事后监管，推动部门执法联动，减少对企业经营的干扰。增强市场监管体制创新，济南推进包容审慎监管，引导企业守法诚信经营。对不触碰安全底线、"四新"业态的首次轻微违法行为，给予行政相对人容错纠错的空间。全力推动**"泉质享"质量基础设施一站式服务**试点工作，达到"一个标准编号通行，一个产品名称通办，一台设备名称通查"。进一步优化公共服务，济南让市场主体安心发展放心成长。在**全国率先打造人才电子信用档案平台**，涵盖257.63万人才电子证照库在人才公共服务中，实现了跨部门、跨区域、跨行业身份资格互认。创新编制**"招商一张图"**，梳理17.8万亩、3082个地块，助力各级各类重点项目高效精准快速落位。

创新实践

创建"54321"政府采购体系，打造"在泉城·全办成"服务品牌

一 举措内容

为全面深入推进济南市"放管服""一次办成"改革，助力打造"在泉城·全办成"服务品牌，济南市财政局坚持"五路并进"，**抓党建促服务，抓减负促活力，抓流程促便捷，抓监管促公平，抓制度促规范**，创建"54321"政府采购创新体系，打造法治、公平、高效、惠企的政府采购市场。

二 创新亮点

1. "五维提升"党建引领，抓党建促服务

从支部建设硬度、组织覆盖广度、从严治党深度、党员队伍纯度、党群关系温度五个维度入手，全面提升服务水平和服务质量。

落实《济南市政府采购供应商履约信用评价实施细则》，全面建立信用监管机制，提高行政监管综合效能。

与12345市民服务热线联动，增设政府采购政策咨询、投诉举报受理综合专席，建立"专业答复、多渠道受理、现场解决问题"的政府采购咨询投诉机制。

2. "四个免除"减费增效，抓减负促活力

免除投标报名，免除采购文件工本费，免除投标保证金，免除履约保证金，实现政府采购"零成本"。

政府采购预留中小企业采购份额由 40% 以上阶段性提高至 45% 以上，其中预留给小微企业的比例不低于 70%，提高中小企业合同占比；进一步提升中小企业参与政府采购活动竞争力。

坚持**预付款制度**，签订合同 5 个工作日内支付 30% 以上预付款，其中支付给小微企业的比例最高可达 100%，验收 5 天内完成支付等制度，防止拖欠政府采购合同账款。

3. "三网融合"纵横贯通，抓流程促便捷

完善系统平台建设，实行采购管理平台、采购交易平台、信息发布平台三网融合，整个政府采购业务流程一网通办，在**全国率先实现 CA 免费网上办理、包邮送达**，企业参与采购活动"零跑腿"。

4. "两端延伸"全程公开，抓监管促公平

加大信息公开力度，在"六公开"基础上，向前拓展到采购意向公开，向后延伸至采购结果公开，专家评分、未中标原因等信息全部自动公开，一目了然。

不再要求参与政府采购活动的供应商提供缴纳税收和社会保障资金等证明材料，**可以承诺函方式参与政府采购活动**，减轻参与政府采购活动的负担。

5."一套体系"明确目标，抓制度促规范

建立了"1+5+17+N"制度体系，向市场公开《济南市政府采购正面负面清单》，**全国首创建立 81 项正面清单**，鼓励各采购主体实现政府采购政策功能，降低采购参与门槛。

三、创新成效

提高了政府采购效率

所有环节在线一网办理无缝衔接，企业线上参与采购活动，免费在线获取电子采购文件，无须实地提交纸质文件。现在各投标企业参加政府采购开标，从线上确认报价，唱标，结束，整个开标过程不过 5 分钟；同时开发"掌上交易"APP，企业可在手机端直接完成开标全过程，用时仅需 1 分钟。

减轻了企业负担

经测算，自改革实施以来共为参与采购活动企业免收、免用各类资金近百亿元。其中，为约 20 万家企业免除采购文件工本费和差旅费约 6000 万元，免除投标文件制作费约 2 亿元，免除保证金约 14 亿元，免除履约保证金约 71.8 亿元；开展 CA 一站式服务以来，已为超过 2 万家企业免费新办了数字证书，为企业节省资金 570 多万元。

助力了中小企业发展

通过份额预留、价格扣除提高了中小企业参与份额，中小企业合同占比 90% 以上。压缩资金支付时间，签订合同即支付不低于 30% 的预付款。实施采购合同融资新模式，为 458 家企业完成 590 笔融资服务，总金额达 14.44 亿元。

打造了可复制推广模式

在全国营商环境评价中，我市在政府采购指标领域被评为"标杆城市"，相关改革做法被国家发改委列为优化营商环境典型经验在全国推广。

创新启迪

为建设现代化国际大都市和新时代社会主义现代化强省会，济南将优化营商环境作为全面深化改革的重点任务和提升城市核心竞争力的重要抓手，打造"在泉城·全办成"服务品牌。济南创建的"54321"政府采购创新体系，以党建引领服务质量提升，降低中小微企业参与政府采购的门槛，以"一网通办"实现企业"零跑腿"，以信息公开促进公平竞争，以制度建设助力规范发展，打造了法治、公平、高效、惠企的政府采购市场。这一体系优化了政府采购流程和机制、保障了各类企业尤其是中小微企业合法权益。

青岛市

>>> 创新综述 <<<

2022年，青岛市以制度创新为重点，全力打造营商环境"青岛模式"，加快构建与国际通行规则相衔接的营商环境制度体系，正在成为市场化、法治化、国际化一流营商环境建设的城市典范。**营商环境持续进位争先。**青岛在"2022年十大海运口岸营商环境测评"中，位列全国总分第1，荣获最优等次四星级；在"2022年万家民营企业评营商环境"调查中，位列全国第9；在"2022年度中小企业发展环境"评估中，位列全国第10；在"2022年中国城市政商关系评价"中，位列全国第7；入选全国民营经济示范城市首批创建城市。2022年，青岛市**市场主体活力迸发**，GDP总量14920.75亿元，市场主体总量突破200万户，民营市场主体占比98.29%。**同时改革创新不断深化，**2022年，青岛市承担营商环境领域国家级、省级改革试点127项。

创新体制机制，建立健全推进机制"青岛模式"。市委、市政府建立**顶格倾听、顶格协调、顶格推进工作体制**。将招商引资质量和市场主体满意度作为评价营商环境的主要标准。市委、市政府主要领导亲自担任**营商环境领导小组**组长，**优化营商环境工作**

QING DAO

专班，专班办公室调整设置在市行政审批局，由综合协调服务转向专业能力建设。在市区两级党代会报告、政府工作报告及市委经济工作会议报告中写入营商环境专题。**强化政策供给，推出制度创新"青岛方案"**。2022年，青岛市委、市政府出台《**青岛市营商环境优化提升三年行动规划(2022-2024年)**》，推出100条创新政策。实施政务服务环境提升行动、法治营商环境提升行动、市场环境提升行动、创新创业环境提升行动。实施服务理念创新，努力让人民群众在每一项政务服务中感受到高效便捷和公平正义。**夯实社会基础，打造营商环境"青岛品牌"**。加强"**营商青岛·共赢之道**"城市营商品牌建设。打造党政群机关实干家队伍。2022年，营商环境领域累计获得国家、省和市表彰奖励181人，集体表彰奖励117项。招募**营商公益大使**。组建营商环境专家委员会、媒体观察员、营商环境体验官三支队伍。**讲好营商环境"青岛故事"**。开设"青岛营商环境会客厅"、上线《青岛营商36计》短视频、发布"营商金牌榜单"。

创新实践

推行首席审批服务官制度，赋予最专业的人最高效的审批权

一　举措内容

聚焦市场主体和群众办事的难点、堵点和痛点，发挥相对集中行政审批制度改革优势，在行政审批机关遴选专业能力强的一线审批业务干部作为首席审批服务官，按程序赋予独任审批权，对与企业和群众生产生活密切相关，且经常发生、申请量大、有明确标准和程序的审批服务事项，可由首席审批服务官直接做出决定，最大限度压缩审批过程中层层汇报请示、逐级领导签发等传统流程，实现审批提质增效。

二　创新亮点

1　实施行政许可流程再造，赋予最专业人最高效的行政审批权

"首席审批服务官"制度的核心要义在于**打破行政管理层级，赋予最专业的人最高效的行政审批权。**

（1）通过**改变传统"三阶段"审批实施程序**，将受理、审查、决定三个环节进行了科学合理的压缩，首席审批服务官可以独自承担其中两项或三项环节并作出决定。

（2）同时，建立了**"容错纠错"机制**，对首席审批服务官在工作中因流程再造、体制创新、先试先行等创新型探索出现的失误或者偏差，按照规定予以容错纠错，激励干部想干事、能干事、干成事。

2　探索构建行政审批决策委员会，着力解决审批疑难杂症

首席审批服务官行使"审批权"过程中，对授权清单内的事项，可实施独任审批。对于涉及重大生产力布局、重大公共安全等审批事项，借鉴人民法院审判委员会的制度设计，提交行政审批决策委员会研究确定，提高审批决策的科学性。

3　建立健全内外结合的监督体系，依法规范审批行为

（1）参照"双随机、一公开"的监管机制，通过系统调取、案卷抽查、音频视频监控等方式，**随机抽取**行政审批及关联事项、**随机选派**监督管理人员进行检查，**及时公开**检查情况和处理结果，加强对首席审批服务官的内部管理。

（2）对接市场主体和群众需求实施服务供给侧改革，建立审批服务绩效由市场主体和群众评判的**"好差评"制度**，实施现场服务"一次一评"、网上服务"一事一评"、社会各界"综合点评"等评价工作机制，**主动接受社会各界的综合性评价**。

三 创新成效

（一）发挥"审批局"体制优势，探索特大城市相对集中行政审批制度改革的新路径。青岛市在计划单列市中率先组建市级行政审批局，整合划转了19个部门的审批事项和人员编制，共承接139项行政许可事项，占市级行政许可总数的46.49%。在人员相对减少、事项不断集中的情况下，充分发挥"审批局"体制方面的优势，在单位内部下沉决定权力，赋予首席审批服务官独任审批权，对授权清单内事项直接作出决定，提升审批服务的效率和质量，探索出相对集中行政审批制度改革背景下依法审批的新路径。

（二）合理压缩审批环节，推动行政审批提质增效。推行首席审批服务官制度，大幅压缩审批流程，审批效能提升50%以上。如核发医师执业证书、护士执业证书业务，法定时限是20个工作日，现在由首席审批服务官办理，变成了"即办件"，从提交各类材料到拿到证书，半个小时就能办完。在 2022 年省级政府和重点城市一体化政务服务能力（政务服务"好差评"）调查评估中，青岛市在 32 个重点城市中处于第一梯队。

（三）通过流程再造，实现向改革要人力。在传统机关业务处室架构的基础上，通过流程再造，打破传统行政管理层级，探索建立首席审批服务官这种新型的弹性组织，不增加人员编制，不增加财政供养压力，处室还是这些处室，却平添了一支新的法治专业力量，实现了向改革要人力。

创新启迪

青岛加快建设新时代社会主义现代化国际大都市，通过优化营商环境提升招商引资质量和市场主体满意度，在体制机制创新、政策供给、政务服务等方面打造"青岛样板"。青岛推行的"首席审批服务官"制度，授权"首席审批服务官"直接审批一些高频率、标准化事项，合理压缩了传统审批流程；同时，行政审批决策委员会、内外结合的监督体系等机制也能保障首席审批服务官依法依规服务。这一举措赋予最专业的人最高效的审批权，充分授权的同时又强化容错机制和监督体系，兼顾了公平与效率。

郑州市

>>> 创新综述 <<<

郑州市深入贯彻落实党中央国务院和省委省政府关于优化营商环境的决策部署，连续3年出台优化营商环境工作要点，推出308项改革措施，从着力提升政务服务效能、全面提升市场服务便利化水平、加快提升法治服务保障水平、持续提升宜居创业环境等方面，进一步深化"放管服"改革，破除制约高质量发展的体制机制障碍，努力打造一流营商环境，推动我市经济社会高质量发展。

2022年度，郑州市营商环境创新举措主要集中在以下方面：**打通行业壁垒**，构建"**一窗申报、一表申请、联合踏勘、联合图审、联合施工、联合验收**"工作模式，实现水电气暖排水通信"全流程联办"；上线**企业登记智能审批系统**，打造"**24小时不打烊**"智慧服务，实现全程"零见面、零跑腿、零干预、零等待"；打造"**登银合作**"郑州模式，全国首创性实现贷款和不动产抵押登记申办全过程"**无纸化、线上办、零跑动**"，构建不动产抵押登记服务新生态；实施"**静默认证＋主动服务**"，建立社保待遇领取"无感递延"认证服务体系，让老百姓领取养老金享受到

ZHENG ZHOU

"零跑腿、零感知、零打扰"的"免申即享"新体验；建立**跨境电商零售进口药品试点**，创新实现海关、药监部门全流程协同监管以及药品监管与跨境电商业务结合；**成立金融审判专业化人民法庭**，为金融机构提供司法服务，保障营造良好金融法治环境；搭建 5G^n **全流程多场景智慧庭审系统**，打造线上与线下深度融合的诉讼服务新模式，网上开庭率达到 55.04%；探索形成"**高价值专利 + 创投基金**"**投融资模式**，通过构建投资模型、完善风险平抑方案、建立投资退出机制，利用金融创新工具，实现创投基金直接投资高价值专利；上线**智慧文旅公共服务平台"郑州文旅云"**，整合文化服务和旅游信息资源，对企业主体实现智慧化监管，为市民提供一站式数字文旅公共服务。

创新实践

打造"登银合作"郑州模式，构建不动产抵押登记服务新生态

一、举措内容

郑州市积极探索与驻郑金融机构多层次、多维度合作机制，逐步打造出具有郑州特色的"登银合作"业务模式，全国首创性实现贷款和不动产抵押登记申办全过程"无纸化、线上办、零跑动"，更加便利群众和企业抵押融资。今年4月，"登银合作"模式改革入选"2021年度河南省经济体制改革十大案例"；5月，"一种用于不动产贷款及抵押登记的电子化登银合作系统"获得国家知识产权局发明专利授权。

二、创新亮点

1 搭建平台，推进登银业务协同、系统对接

① 与30家驻郑金融机构签订合作协议、安排人员进驻办公、前置抵押登记窗口，实现线下多途径申请、"一站式"办理。

② 为金融机构布设不动产登记网络专线、配置自助申请端及Ukey，实现线下签约、线上申请。

③ 优化网上申报路径。出台数据共享接口规范，打通不动产登记系统与金融信贷系统，将登记申报端口直接嵌入信贷系统，达成贷款与抵押信息互通、环节贯通、联动办理、线上申报为主。

2 加快登记资料数字化升级

① 在全国范围内较早启用抵押权登记电子证明，登簿完成后系统直接生成电子证明并推送给抵押权人，省去人工缮证、领证环节。

② 上线电子版登记申请书和询问记录，带动金融机构应用电子合同等数字化材料，实现材料系统生成、签章一键添加、数字认证覆盖全程。

3 国内首创抵押贷款"一件事"全程网办模式

① **深度融入省市两级政务数据平台**，归集利用公安、民政、市场监管等16个局委有关数据，实现身份认证可通过网络完成，办理登记所需证照等部分材料可共享获取、免于提交。

② 推进**事项集成**，将贷款、抵押两个事项整合为群众视角下的"一件事"，在**全国首创性推出不动产抵押贷款全程网办模式**，申请人在线核验身份、签署材料、发起登记申请，案卷在线办结、证明同步反馈，金融机构见证敏捷放款，实现贷款申请、抵押、放款等环节无缝对接和全程"无纸化、线上办、零跑动"，先后在中原银行、工商银行郑州分行等11家机构实施。

③ 推开"**全豫通办**",市区内不动产产权人可随时随地在线向试点银行任一分行申请抵押贷款,目前已办理异地发起业务133笔、贷款额超1亿元。

④ 推广**抵押注销登记全线上化办理**,实现抵押贷款"一件事"全链提速、完整闭环。

4 畅通服务"供给侧",持续拓展联动维度

① 聚焦**动态精准监管**,强化不动产权利状况及变动情况、贷款结清状态等内容实时共享,支持金融机构受权查询、获取有利害关系的登记结果,辅助完善信贷决策模型、实施贷后监管。

② 精准把脉群企需求,推出"**联合抵押、部分解押**"、既有抵押注销与新增抵押设立联办等细项,申请人需办理多个关联性业务时能大幅减少中间环节。

③ 牵头推进**不动产登记、房屋交易、税费征收、贷款"四窗合一"工作模式**,探索开展存量房"**带押过户**",实现贷款申办与税费缴纳、产权转移、抵押等步骤紧密联动。

三 创新成效

抵押贷款更加快捷

抵押登记办理时限从5个工作日缩短为现场1小时内和网办的即时办结,整体效能提升97.5%;抵押贷款全程网办的从申请到放款最快3小时即可完成。"登银合作"实施以来,市本级累计"不见面"办理抵押60余万件,占同期抵押登记总量的71.8%,其中抵押贷款全程网办的5万余件。

登记更加低碳安全

线下办理抵押所需材料由最初的 8 项减至 3 项，全程网办实现无纸化操作；同时，登银双方键对键的材料传输、业务协同及实时监管，有效降低错误概率，防范虚假材料、虚假申请，保障登记和信贷安全。

助力银企降本增效

促进金融机构和企业人员产能释放，减费降本。以工行郑州分行为例，抵押岗人数压减三分之二；中原银行全线上化房抵贷产品投产三年来已成为拳头产品，累计投放贷款 824 亿元。企业办理"联合抵押、部分解押"，无需先筹资办注销、再重新抵押，节省了办事时间和高额"过桥资金"利息。

创新启迪

郑州锚定中部地区高质量发展重要支撑和高质量发展区域增长极的定位，持续推出优化营商环境改革措施，破除体制机制障碍，助力城市现代化建设。郑州打造出独具特色的"登银合作"业务模式，实现不动产登记系统与金融信贷系统信息互通，全国首创贷款和不动产抵押的登记申办与抵押注销全过程"无纸化、线上办、零跑动"，同时对贷款与抵押物实施精准动态监管。这一改革打通了政府部门与银行机构之间的数据壁垒，在便利企业的同时也助力银行降本增效，提升了金融服务实体经济的水平和质量。

武汉市

>>> 创新综述 <<<

2022 年，武汉市以市场主体评价和群众感受为最高标准，强化对标先进，补齐短板弱项，推进全链条优化审批、全过程公正监管、全周期提升服务，全力打造审批事项最少、办事效率最高、投资环境最优、企业获得感最强城市。武汉市对标国家 101 项和湖北省 123 项改革任务，结合本地实际，制发《**武汉市 2022 年优化营商环境工作要点**》（武营商办 [2022]1 号），重点围绕打造便捷高效的政务环境、有效配置的要素环境、竞争有序的市场环境、公平正义的法治环境、宜居创业的城市环境等 5 个方面，细化出台全年 156 项优化营商环境具体改革任务。

2022 年度，武汉市优化营商环境创新举措主要体现在以下方面：**在区域壁垒破除方面**，出台《武汉市市场主体住所（经营场所）登记管理办法》，全面推动实施"一照多址"改革。在市场机制改革方面，优化**水利工程招投标手续**，实现水利工程在发布招标公告时同步发售或者下载资格预审文件（或招标文件），取消水利工程施工招标条件中"监理单位已确定"的条件。**在投资建设完善方面**，出台《市人民政府关于在工程建设领域推行"承诺可

WU HAN

开工"制度的意见》（武政规〔2022〕14号），将"用地清单制"与"承诺可开工"改革工作协同推进；推动实现"多测合一"，整合服务于工程建设项目审批全流程的测绘事项，实现同一阶段"一次委托、联合测绘、成果共享"。**在对外开放提升方面**，提高通关便利水平，全面推行**"无纸化"通关、自助式通关和一站式通关**，整体通关时间较2017年压缩超过71.95%，出口时间为水运1.33小时、铁路2.09小时、空运0.24小时。在**监管体制创新方面**，推动破产审判专业化建设，成立**武汉破产法庭**，优化破产案件简易审理程序，平均结案时间116.26天，最短仅43天。在**公共服务优化方面**，进一步拓展企业开办**"一网通办"业务范围**，推动相关部门将银行开户、员工社保登记、公积金缴存登记等环节纳入企业开办"一网通办"平台，并实现"分时分次"办理功能；优化不动产登记办理流程，国家级改革试点项目**"不动产登记规范化标准化综合创新联系点建设"**顺利通过部级验收。

创新实践

打造审管一体化信息交互平台，实现三级审管联动

一 举措内容

武汉市从制度建设入手，制定《**区级部门实施审管联动推进极简审批细则（试行）**》和《**行政审批服务上下协同实施细则（试行）**》（以下简称《审管联动细则》和《审批协同细则》），清理审批事项与监管事项之间的法定关联关系，发布审管联动事项清单，同步搭建"**审管一体化信息交互平台**"，打通省、市审批与监管信息系统之间的壁垒，在全国范围内首次实现市、区、街三级审管联动，以审管联动推进"告知承诺""容缺审批""证照分离""一业一证"等审批改革举措更好落实见效。

二 创新亮点

1

建制度定规则，审管联动机制实现全覆盖。

针对区审批局在审批中出现的与区行业主管部门之间"审管脱节"，以及与市直部门之间存在的"上下衔接不畅"等问题，武汉市从制

度建设入手，制定《审管联动细则》和《审批协同细则》等制度，从职责界定、业务关联、联合勘验、联合审批、联合会商、撤证处置、业务指导等 20 个方面，进一步细化和明确"审管联动""上下协同"业务运行规则。

与此同时，突出联合勘验、信息交互、联合评审、撤证处理等事前事后关键环节，大力完善**审管联动机制**。

2

清事项找对应，审管事项实现全关联。

武汉市坚持以"法定依据同源"为原则，以省政务服务一体化平台发布的行政许可事项为基础，以省"互联网+监管"系统确定的监管事项作为映射对象，**锁定审批事项与监管事项之间的法定关联关系**。

将国务院和省政府确定的告知承诺、容缺受理、"证照分离""一事联办""一业一证"等改革措施，列入审管联动工作范围，将"审管联动"的范围扩大到**既可向上延伸到市直相关部门，又能向下延伸到街道**，尤其是对"区审市管"的办理事项，较好解决了审管不联动、市区不协同问题，实现了市、区、街三级审管事项全关联。

3

破壁垒强功能，审管业务系统实现全对接。

武汉市按照国家"互联网+政务""互联网+监管"的技术标准，依托**"武汉市智慧城市基础平台"**，将区行政审批局办件后的所有信息第一时间推送至监管部门业务系统，监管部门在任务认领后将监管信息和结果及时反馈给区行政审批局，形成了集受理、审批、推送、监管、反馈全流程一体化的数据共享互通模式，建成了**审管一体化平台**。

三 创新成效

武汉市注重从业务联办的角度推进审管联动，将与行政许可事项对应的监管事项，全部纳入"互联网+监管"平台监管事项动态管理系统。对多部门共同承担监管职责的事项，行业主管部门会同相关部门实施综合监管。审管一体化平台运行 3 个月来，共上线 443 个审批事项（涉及业务办理事项 4257 项）及相关联的 743 个监管子项；触发生成监管任务 12830 条，其中告知承诺制任务 2243 条；待分派监管任务总量 10082 条，认领监管任务 1541 条，反馈任务 944 条，初步实现审管业务"全联办"。

创新启迪

武汉加快打造全国经济中心、国家科技创新中心、国家商贸物流中心、国际交往中心和区域金融中心，在优化营商环境过程中推进全链条优化审批、全过程公正监管、全周期提升服务。武汉打造审管一体化信息交互平台，破除省、市审批与监管信息系统之间的壁垒，较好实现了"审管联动""上下协同"，形成了集受理、审批、推送、监管、反馈全流程一体化的数据共享互通模式。这一平台实现了市、区、街三级审管事项全关联，破解了"各管一摊""踢皮球"等痛点问题，让市场主体轻松体验"一站式"综合服务。

长沙市

>>> 创新综述 <<<

长沙市将优化营商环境作为"一把手"工程，2022年印发《长沙市打造营商环境升级版加快建设国际国内一流营商环境2022年行动方案》，紧紧围绕打造国际国内一流营商环境的目标，突出全生命周期、全要素保障、全领域便利、全系统优化，通过打造投资服务、政务服务、要素服务、权益保护、亲清关系、普惠包容六大"升级版"，更大力度激发和保障市场主体发展活力。长沙在全国工商联发布的2022年度万家民营企业评营商环境主要调查结论中排名第六位，较去年提升3位，居中西部第一。

2022年度，长沙市营商环境创新举措主要集中在以下方面：**高标准推动政务服务升级**。持续推动"简政办""一次办""便捷办"和"极速办"，建设**"无证明城市"**，构建形成**10省19市（区）"跨省通办"**政务服务大格局；率先在中国（湖南）自由贸易试验区长沙片区推行**25项极简审批**，大力推动提前申报、两步申报、先验放后检测等**便利化通关改革**。**高质量推动要素供给增效**。政府采购首推**零成本投标**，建立**政府采购预付款制度**；积极推行用电报装低压**"三零"**服务，用水报装"零跑腿、零资料、

CHANG SHA

零审批、零费用"服务；设立**口岸专项资金**，免除查验费用、口岸经营性服务费；深入实施**"长沙人才政策升级版 45 条"**，设立人才日、"优才贷"，推动人才政策持续升级。**高效能推动法治保障提质。**健全保障机制，建立**涉企重大案件报告制度**，开展"法治护航民企发展"活动，创新**"保护知识产权驻企业工作站"**模式。提升诉审质效，建设**一站式诉讼服务中心**，推进涉企案件诉讼事项繁简分流、简案快办。多元化解纠纷，成立 245 **家诉源治理工作站**，搭建民营企业纠纷多元化解平台。创新监管方式，探索推行涉企检查"一码检查"模式，出台《食品生产企业信用风险分级分类管理办法》，率先全国省会城市构建**食品生产企业信用风险分类管理"1+N"专业模型。**

创新实践

聚焦电子证照扩大应用领域，加快建设"无证明城市"

一、举措内容

湖南长沙深入贯彻《国务院办公厅关于加快推进电子证照扩大应用领域和全国互通互认的意见》，以加快建设"**无证明城市**"为抓手，着力破解电子证照"互通互认机制不完善、共享服务体系不完备、应用场景不丰富"等问题。通过系统建设、数据共享、业务再造，率先推动"**刷脸办**""**免证办**""**减证办**"和"**线上证明开具**""**线下免费打印**"等系列改革举措落地见效，不断优化营商环境，真正让数据多跑路、群众少跑腿。

二、创新亮点

1 注重电子证照"鲜活度"，完备共享服务体系。

① 突出技术创新实现"刷脸办"

开发"**无证明城市**"应用系统，实现政务服务网厅端、移动端和窗口端互通。例如，群众未随身携带身份证时，可通过"我的长沙"APP 进行身份认证，人脸识别核验后手机将生成动态二维码，经窗口端设备识别后，申请人即可直接调阅关联电子证照，真正实现"**拿着手机事就办成了**"。

② 突出模式创新 实现"免证办"

实现**窗口与电子证照库数据信息共享联动**，让群众不携带证照也能把事办好。目前，长沙市电子证照库可调用证照数据达 1.38 亿，"户口簿"等 41 类鲜活电子证照可在申请人授权后实时调取。例如，长沙市教师资格认定，原本申请人需要线上提交学历证书等 8 类证明（证照），今年在其电子证照齐全的情况下仅提供一张免冠照就能完成办理。

③ 突出管理创新 实现"减证办"

根据企业群众需要，可为每一家企业、每一位市民建立**专属的电子档案**。例如，市民在办理政务服务事项时曾上传过"驾驶证""行驶证"等资料，这类信息就可作为电子材料绑定在其个人电子档案中，今后办事均可直接复用，最大程度实现"减证办"。

2 注重证明开具"便捷度"，推进信息互通互认。

① 线上开具一批证明事项

在长沙市政务服务网和"我的长沙"APP 同步上线"无证明城市"专区，设立**"线上证明开具"模块**，通过加强部门对接和业务流程再造，"律师无行政处罚证明"等 18 类证明事项由"企业跑""群众跑"转变为"数据跑""线上跑"。

② 即时生成一批证明事项

聚焦群众高频办理事项，将**即时生成证明功能**嵌入移动端平台。目前，"我的长沙"APP 已可即时生成"有无房证明"等 8 类证明，群众通过移动端进行身份核验后，即可根据操作提示申请即时生成证明报告。

③ 部门核验一批证明事项

通过技术创新，进一步畅通部门间相互核验证明材料信息渠道，**提升数据共享能级**，支撑窗口极简快办。同时，积极对接省部级开放数据接口，创新数据信息应用模式，探索将承接的独立数据或字段归集形成具有统一规范的"**长沙市政务数据查询单**"，以此为依据辅助窗口人员核验审批，并向企业群众开放查询功能。

3 注重企业群众"满意度"，不断丰富应用场景。

① 丰富"一码通行"应用场景

将各部门、各领域"二维码"归并至政务服务移动端，根据企业群众需要不断拓展**多场景叠加的亮码功能**。目前在长沙，无论是公交、地铁出行，还是寄送快递、医院就诊，甚至进入网吧、酒店等特定消费场所，都可实现一码通行。

② 丰富"自助办理"应用场景

在政务服务自助终端开发"**无证明城市**"**专题功能模块**，并在全市 94 个政务服务驿站内试点配置。市民通过自助终端不仅能实时查看个人全量电子证照、历史材料信息，更能免费彩印各类证明材料。

三 创新成效

目前，长沙 41 类电子证照可实时调用，26 类证明可在线开具，5088 多项政务服务实现"减证办""免证办"，企业群众线上开具证明达 37.9 万件，全市"减证办"事项共产生办件 153.6 万件。以往需要多头跑、反复跑才能开具的证明，如今动动手指就能完成；以往需要携带各类证照才能办好的事，如今只带一部手机就能全部办成。

创新启迪

长沙立足打造具有国际影响力的现代化城市、全国重要先进制造业中心、内陆地区改革开放引领城市，努力建设环节更少、流程更快、成本更低、政策更优、服务更好、获得感更强的一流营商环境。长沙聚焦电子证照扩大应用领域，推出"刷脸办""免证办""减证办"等新模式探索，实现了各部门信息互通互认，建成的优化共享服务体系，丰富应用场景满足市场主体各类需求。这一举措推动了各类证照电子化，在保障安全的前提下帮助企业大幅简化办证手续和数量，让更多政务服务事项能够网上办、掌上办、一次办，展现"无证明城市"的吸引力。

广州市

创新综述

2022年度，广州市营商环境创新举措主要集中在以下方面：**深入推进营商环境创新试点改革**，印发实施《广州市建设国家营商环境创新试点城市实施方案》，创新推出299项改革举措；**优化市场主体全生命周期服务**，聚焦市场主体各环节难点堵点痛点问题，多措并举探索"证照联办""惠企政策免申即享""协商指定破产管理人"等改革举措；**提升全链条全流程监管效能**，创新和加强全链条全流程监管，率先研发跨部门、跨领域信用风险分类指标，精准识别全市企业信用风险；**激发基层营商环境改革创新活力**，支持广州开发区建设省营商环境改革创新实验区，形成"一门式"政策兑现、全链条人才服务、智能秒批等39条创新举措在全省推广，支持南沙区深化面向世界的粤港澳全面合作，累计形成近800项自贸区制度创新成果。

区域壁垒破除方面，广州市立足**提升企业群众办事体验**，强化制度创新和技术赋能，推进一码展示企业证照、涉企证照智能联办、企业住所（经营场所）自主申报等，进一步降低企业制度性交易成本。市场机制改革方面，广州开发区**聚焦市场主体全生**

GUANG ZHOU

命周期，瞄准市场主体关切，科技赋能准入提速，打通新业态准营堵点，畅通市场主体退出渠道，充分激发市场主体创新创业活力。投资建设完善方面，广州市南沙区**深化工程建设项目审批制度改革**，制定"交地即开工"系列改革政策，推动工程建设项目早开工、快建设、早投产。对外开放提升方面，广州海关会同市口岸办、广州港集团**创新推出"湾区一港通"模式**，推动形成"一港多区"港口群格局，进一步畅通国际航运物流，增强港口群国际竞争力。监管体制创新方面，广州市**持续用好全国首创"双免"清单**，推动监管纠错容错机制"立体式"全覆盖，助力打造国际一流营商环境。公共服务优化方面，广州市**进一步深化税收征管改革**，优化经常性涉企税费事项、民生领域涉税费事项、跨部门涉税费事项和湾区涉税费事项办理，不断打造税收营商环境新高地。

创新实践

推进国际贸易单一窗口建设，优化口岸营商环境

一 举措内容

广州国际贸易单一窗口（以下简称"广州'单一窗口'"）是我市深化供给侧结构性改革、创新贸易监管方式、促进跨境贸易便利化、优化口岸营商环境的重要平台。广州"单一窗口"按照"广州特色、全国领先"的思路，围绕"一个平台、一次递交、一个标准"三个基本要素建设，优化口岸营商环境改革成效显著。

二 创新亮点

1. 打造粤港跨境报关"一站式"服务，促进口岸通关便利化

广州"单一窗口"建设**粤港跨境电子报关平台—香港水运舱单申报功能**，实现广州企业向香港海关申报报关单、公路舱单、海运舱单，减少数据的重复录入，降低人工成本，有效解决粤港两地通关环节制度性成本高和通关流程烦琐的问题，提高粤港澳大湾区通关效率和跨境贸易便利化水平。目前在南沙、黄埔、东莞、深圳、等地都有应用。

截止 2022 年底，粤港澳大湾区跨境通关服务平台完成香港海运舱单提单申报 4.08 万票，货物 2971 万件。

该系统实现了"一单两报"，大大缩短了通关时间，粤港口岸通关将进一步便利化，系统的便利性得到了企业的一致好评。

② 创新金融服务模式，为企业跨境收付汇提供便利

广州国际贸易"单一窗口"持续应用新技术、大数据等信息化手段通过与海关、税务、外汇、银行等机构对接，创新金融服务模式，破解跨境贸易进出口过程中各种收付汇难题，包括：国际结算金融服务系统，市场采购阳光收汇小程序、跨境电商收结汇等。

国际结算金融服务系统目前已纳入中国人民银行沙盒监管试点项目，并作为广州市金融科技创新监管工具的应用项目进行全面推广，目前服务的国内贸易企业约 1000 家，截至 2022 年 12 月总交易金额达 30 亿人民币。

市场采购阳光收汇小程序操作便利，可通过手机端一键收汇实现了市场采购贸易项下收结汇业务的全流程线上处理，有效减少企业往返银行次数。截至 2022 年 12 月底，阳光收结汇小程序服务了 400 家商户，收汇金额 5 亿美元。

跨境电商收结汇实现跨境电商低成本收汇，已在 6 家银行开展业务试点，2022 年度完成 70 亿人民币跨境电商收汇。

3. 率先推出多项特色功能，外贸新业态发展全国领先

广州在全国率先将跨境贸易电子商务公共服务平台、市场采购联网信息平台、市场采购贸易收结汇小程序 – 广采通、国际会展等特色功能纳入"单一窗口"，为广州对外贸易做出了重大贡献。

跨境贸易电子商务公共服务平台业务范围覆盖广州全部口岸和周边地市，为众多进出口企业提供便利化和优质服务，在全国首开订购人额度查询服务，率先上线跨境出口退货功能。2022 年度广州跨境电商平台清单总票数 12 亿票，进出口总金额达到 1855 亿元。其中出口清单 11.5 亿票，出口金额 1640 亿元；进口清单 0.5 亿票，进口金额 215 亿元。

市场采购联网信息平台涵盖市场采购贸易的中介服务机构以及监管部门等 14 个贸易环节各方主体，覆盖贸易全流程，实现信息一次输入，多部门共同监管，2022 年，广州市场采购平台结关报关单 6.71 万票，出口额 56.94 亿美元。

国际会展功能实现了会展申报的无纸化以及展会的自动核销，大大提高了企业及海关关员的工作效率，也提高了会展监管的智能化水平。

三 创新成效

广州是全国先行建设国际贸易单一窗口试点城市之一，截至 2022

年底，广州国际贸易"单一窗口"已同步对接国家标准版应用 19 大类 781 项服务，上线地方特色模块 23 大类 777 项服务，累计注册企业 7.12 万家，累计申报单量达 17.15 亿单。全覆盖企业向口岸管理部门申报的功能，并逐步向口岸物流全链条拓展。

广州"单一窗口"已连续为 10 届广交会提供会展通关服务。截止 2022 年底，已为 244 场展会提供了服务，展品数量超 237 万件，展品价值超 33 亿人民币。

创新启迪

广州作为国家中心城市、综合性门户城市、粤港澳大湾区区域发展的核心引擎之一，高标准建设国家营商环境创新试点，形成一系列制度创新成果。本年度，广州持续推进的国际贸易"单一窗口"建设，打通海关、税务、外汇、银行等机构数据，创新整合了国际结算金融服务系统、跨境贸易电子商务公共服务平台等特色功能，为进出口企业提供"单窗口""全链条""全覆盖"优质服务。"单一窗口"不仅提升了通关便利度，还通过特色板块为市场主体跨境业务提供本地化、个性化延伸服务，助力企业高质量、低成本融入"外循环"、服务"内循环"。

深圳市

>>> 创新综述 <<<

作为首批营商环境创新试点城市，深圳始终坚持把优化营商环境作为"一号改革工程"，主动对标最好最优最强，以市场主体需求为导向推出一系列务实举措。2022年，深圳出台**《深圳市建设营商环境创新试点城市实施方案》**，开启营商环境5.0改革，提出200项改革措施，致力于为各类市场主体投资创业提供更好的保障和支持。

一是营造竞争有序的市场环境。实施**放宽市场准入24条特别措施**，努力消除制度性障碍与隐性壁垒。开放绿色低碳、高端装备、智慧医疗等重点领域应用场景，支持新技术、新产品、新业态先行先试，**从"给优惠"向"给机会"转变**。连续出台助企纾困、培育壮大市场主体、联动生产促消费、工业稳增长提质量、推动经济稳定增长**5个"30条"**措施，全力帮助市场主体降低经营成本。**二是打造公平透明的法治环境。**面向社会信用、反不正当竞争、矛盾纠纷多元化解、安全生产等重点和前沿领域加强立法。创新**"人工智能+互联网+信用+双随机"监管模式**。给予新兴产业企业1至2年的**成长"包容期"**。在知识产权领域实施惩

SHEN ZHEN

罚性赔偿制度，开展新产业新业态知识产权保护试点。**三是构建国际接轨的开放环境**。创设"大湾区组合港"通关模式，深圳港已累计开通 26 个组合港点位、覆盖大湾区近 90% 城市。发布**国内首个《基于跨境活动的企业信用报告格式规范》**，为不同国家、地区企业信用报告提供转化支撑和互认依据。揭牌**成立深圳数据交易所**。发布**全国首个经国际认证的医院评审标准**。建立**国际职业资格证书认可清单制度**。**四是打造高效便利的政务环境**。启用"智慧警务舱"，市民可"一窗办理"16 项公安政务服务事项。搭建**商事主体全生命周期"一窗通办"平台**，全程零跑动办理企业开办、变更、注销业务。上线**远程办税服务平台**，让办税"一次都不用跑"。实施不动产登记**"税费一次缴清"服务**，办理人可"实时申报、实时缴款、实时开票"。打造**全市统一市场主体培育服务平台"深i企"**，帮助市场主体实现"政策一站通、诉求一键提、业务一窗办、服务一网汇"。

创新实践

多点发力强化商业秘密保护，激发市场主体创新活力

一、举措内容

商业秘密保护是知识产权保护的核心内容之一，国务院于2021年印发《"十四五"国家知识产权保护和运用规划》，明确提出设立商业秘密保护工程等十五个专项工程。深圳市是全国创业密度最大的城市，现有市场主体391万户，其中创新型企业、高新技术企业密集，对商业秘密保护的需求旺盛且迫切。深圳市市场监管局推出一系列扎实有力的商业秘密保护举措，维护企业合法权益、促进公平竞争、激发市场主体创新活力。

二、创新亮点

1. 突出示范引导，打造全省首个三级共建商业秘密保护基。

2020年7月，由广东省市场监督管理局、深圳市市场监管局和南山区人民政府共同建立的**广东深圳（南山）商业秘密保护基地**（以下简称"基地"）挂牌成立，这是全省首个省市区三级共建的商业秘密保护基地。

基地成立以来，牵头制定了《企业商业秘密管理规范》深圳市地方标准，夯实制度基础；**组建知识产权专家智库**，开展线下线上多种形式的研讨培训，助力 3600 余家企业提升保护意识和能力；**受理侵权投诉、提供维权指引、开展司法调解、举行案件会商**，凝聚行政司法保护合力，畅通企业维权救济途径。

2. 实施标准引领，推动标准试点应用落地。

2022 年 4 月 25 日，深圳市市场监管局正式发布**全省首个《企业商业秘密管理规范》地方标准**，明确了企业商业秘密管理的总体要求，为企业提供了一套全面具体的操作指引，并选取 48 家不同行业、不同规模、不同区域的企业试点应用，辅导企业建立或者完善商业秘密保护标准体系，引领更多的企业开展保护工作。

3. 加强政企共治，形成商业秘密保护合力。

深圳市市场监管局先后印发《**市市场监督管理局关于加强商业秘密保护工作增强企业自我保护能力的通知**》《**深圳市市场监管局关于企业商业秘密管理工作指南**》等多个指导性文件。

鼓励产业园区组织园区内企业**开展商业秘密共治共管**，鼓励重点行业、重点领域建立商业秘密行业自律和协调机制，针对企业的疑难问题，邀请专家提供专业建议，帮助企业形成**人防、技术防、制度防**等多位一体的商业秘密保护体系。

4. 探索商业秘密在线保护，降低企业维权难度。

为有效解决企业被侵权后的举证难、查处难、维权难问题，深圳市市场监管局探索建立**商业秘密在线保护平台**。将各类商业秘密电子数据存储到保护平台的数据服务器中，进行分类、分级管理和分发，既便于企业自身商业秘密的保护，又可以发生侵权时提供必要的证据，降低企业维权以及行政机关调查取证的难度。

5. 聚焦海外商业秘密保护，支持企业海外维权。

深圳市市场监管局以中国（深圳）知识产权保护中心为依托，积极支持企业海外维权。

对涉外纠纷进行**实时动态监测**，并为深圳企业提供"一对一"全流程跟踪指导；举办培训及沙龙活动，广泛收集海外典型案例进行定期推送；收集国际相关法律法规资料，研判海外商业秘密保护法律环境；出台《关于美国商业秘密民事诉讼程序的分析报告》《美国商业秘密诉讼报告》等实务指引，为企业海外维权提供重要参考。

6. 强化警示震慑，严厉打击侵犯商业秘密违法行为。

深圳市市场监管局严厉打击侵犯商业秘密违法行为，先后查办多起非法获取他人商业秘密等案件，充分彰显了市场监管部门维护市场公平竞争秩序、保护企业知识产权的决心和信心。

三　创新成效

该举措得到国务院推进政府职能转变和"放管服"改革协调小组优化营商环境专题组的肯定并给予推广。

目前，基地已成为商业秘密保护的普法宣传站、投诉举报点、综合保护区和典型示范地。全市48家不同行业不同规模试点企业建立商业秘密管理体系，18家公司获颁《企业商业秘密管理规范》试点示范企业，多家企业设立了商业秘密管理委员会、商业秘密管理部，企业商业秘密保护的意识与能力显著提高，有效预防了侵犯商业秘密不正当竞争行为。

2022年7月，深圳市南山区成功入选**全国首批商业秘密保护创新试点名单**。12月，深圳全市实现商业秘密保护示范园区、示范企业、示范工作站80%以上覆盖，为深圳打造现代化国际化创新型城市，建设具有全球影响力的科技和产业创新高地提供有力支撑。

创新启迪

深圳肩负建设中国特色社会主义先行示范区的历史重任，把优化营商环境作为"一号改革工程"，主动对标最好最优最强，不断提升市场主体满意度和获得感。深圳推出一系列扎实有力的商业秘密保护举措，打造全省首个省市区三级共建商业秘密保护基地，发布全省首个《企业商业秘密管理规范》地方标准，并通过政府企业共治、线上线下结合、国内国外协同、警示打击配合等手段强化商业秘密保护。此举大幅提高了市场主体商业秘密保护的意识和能力，有利于推动创新创业健康发展，形成的独具特色的创新经验也值得各地复制推广。

佛山市

>>> 创新综述 <<<

佛山市大力打造一流营商环境，积极构建佛山特色企业服务体系，从构建企业全生命周期服务系统、全面提升资源要素支撑度、全面提升政务服务满意度、全面提升市场监管能力、全面提升法治保障服务水平等方面，提高办事便利度、市场满意度、企业获得感，推动佛山成为营商环境制度改革领头羊，实现高质量发展快速跃升。

2022年度，**佛山颁布实施《佛山市市场主体服务条例》，成为国内第一部就如何更好地服务市场主体进行专门立法的地方性法规**。2022年省营商环境评价位列全省第三名，17个评分指标中有12个指标位居省内地级市第1。省评报告提出18项在全省范围内借鉴复制推广的典型经验和创新举措，佛山"**守信快批当天发证**"和"**大企业税收事前裁定**"2项入选，数量居全省地级市首位。佛山"**一照通行**"改革获国务院办公厅督查激励通报，**全国首创"人工智能+双随机"监管**，入选国务院办公厅深化"放管服"改革优化营商环境可复制可推广经验，荣获第六届"法治政府奖"；成功创建为**第三批全国社会信用体系建设示范区**。佛山

FO SHAN

被确定为**全国知识产权强市建设示范城市**，是广东唯一入选地级市。"广东省佛山市：'**彻底放、智慧管、优服务**'的法治化营商环境"等2个项目（地区）荣获第二批全国法治政府建设示范地区和项目；4个项目（地区）荣获广东省第一批法治政府建设示范地区和项目，数量居全省首位。

创新实践

推进制造业数字化智能化转型发展

一、举措内容

近年来，佛山市全力推动制造业进行全方位、全角度、全链条的数字化转型、智能化改造，取得阶段性成效。

二、创新亮点

1. 观念转变牵引数智转型

佛山市先后召开全市制造业数字化智能化转型发展大会、企业家大会，成立佛山市推进制造业数字化智能化转型发展工作领导小组，组建专业团队和工作专班，出台《**佛山市推进制造业数字化智能化转型发展若干措施**》，常态化举办企业家培训班，深入企业开展转型供需对接活动，动态发布成功经验、典型案例，引导企业家转变思想观念，推动形成**转型不是"选择题"而是"必答题"**的广泛共识。

2　梯度示范激发转型需求

佛山市遴选打造一批标杆项目和企业，为不同行业、不同规模、不同转型阶段的企业提供对标样本。

强化"灯塔"领航，支持龙头企业率先转型、高位引领。**树立标杆示范**，支持骨干企业集成创新、变革跨越。

加快"上云用云"，聚焦解决中小企业最关心的成本、效率、品质等痛点难点问题和共性需求问题，发布"上云用云"产品目录清单，帮助中小企业降本提质增效。

3　龙头带动形成转型势能

佛山市**支持"链主"企业发挥"头雁效应"**，依托工业互联网平台与产业链供应链中小企业深度互联，带动广大中小企业踊跃融入数字化转型潮流，初步形成以点带面、行业联动、积厚成势的良好势头。

4 全周期奖补坚定转型决心

佛山市推出**全周期奖补措施**，引导企业制造能力持续升级。全周期奖补政策落实到了企业数字化转型发展的单点应用阶段、局部优化阶段、体系融合阶段和生态重构阶段，真正把全流程奖补落实到企业转型的全周期。

5 金融扶持强化转型支撑

佛山市创新金融扶持举措，助力企业数字化智能化转型轻装上阵、大胆探索。**设立广东（佛山）制造业转型发展基金**，撬动更多社会资本投向制造业数字化智能化转型，探索新型债务融资产品，**在全国首创"数字贷"**，推出风险补偿、全额贴息两大政策，针对性地解决中小企业融资难、融资贵等问题，有效缓解数字化智能化转型面临的"成本高、投入大、周期长、见效慢"等压力。

6 拓宽供给构建转型生态

佛山市积极拓宽工业互联网服务供给，加快产业园区5G、千兆光纤等信息基础设施建设，部署工业互联网标识解析设施，**在全国率先启用区域二级节点平台**，建立转型供给资源池，持续引进和培育熟悉工业场景、集成能力强的平台商、服务商，为全市企业提供高质量、见效快、可复制的转型解决方案，更好地满足制造业数字化智能化转型的巨大需求。

三 创新成效

推进制造业数字化智能化转型发展措施推行以来，佛山市成功举办了广东省制造业数字化转型现场会，佛山市也成了全国8家、全省2家获批国家新型工业化产业示范基地（工业互联网）城市之一。截至2022年底，全市3849家规模以上工业企业实施数字化转型，占规模以上工业企业比重达40.77%，较2021年6月底增长超过20%，转型企业生产效率平均提升16.5%，产品不良率降低8.4%，生产成本平均降低17.3%，人均产值平均提升15.2%，产品交付周期缩短20.2%，企业生产运营水平得到明显提升。

创新启迪

佛山市作为全国唯一一个制造业转型升级综合改革试点城市，是国内最早一批推动制造业企业开展数字化转型的城市之一。近年来，佛山市加快推动数字经济和实体经济融合发展，坚持因地制宜、突出重点、分类施策、创新推进，通过优化营商环境相关机制、帮助企业家转变思想，助力企业实施数字化转型，打造了一批标杆项目和企业，同时全周期奖补等措施进一步坚定了企业转型决心，以龙头带动形成转型势能。这些举措支撑了中小企业降本提质增效、龙头企业引领示范、产业生态优化升级，助力佛山融入我国加快建设制造强国、网络强国、数字中国大局。

东莞市

>>> 创新综述 <<<

　　东莞市紧抓粤港澳大湾区和深圳先行示范区建设的重大机遇，对标市场化、法治化、国际化的要求，加快打造一流营商环境，激发市场主体活力，为高质量发展聚势赋能。2022年，东莞市政府先后印发了《东莞市深化"放管服"改革持续优化营商环境2022年实施方案》《东莞市实施2022年度"放管服"改革九大攻坚行动 打造企业全生命周期"莞家"服务品牌工作方案》，聚焦企业最关注、问题最突出、需求最迫切的领域，围绕企业发展全生命周期中的企业开办、工程建设、税务、金融、用工、信用、政务服务、政策帮扶、诉求响应等方面，实施年度"放管服"改革九大攻坚行动。在2022年解决一批困扰企业的堵点、痛点问题，形成一批深化"放管服"改革优化营商环境的经验和改革品牌，市场主体获得感进一步增强。

　　2022年度，东莞市营商环境创新举措主要集中在以下方面：商事制度改革领域，着力推进**企业全生命周期证照"一网通办"**；建设项目审批领域，推行**重大项目"互联审批围合供地"改革**，实行"容缺受理、并联审批"；招标投标领域，**上线公共资源交易**

DONG GUAN

电子保函平台应用试点，实现电子投标保函在线办理、提交、核验、理赔等功能；不动产登记领域，**推出"以图查房"功能**，为企业群众提供更直观、精准、便捷的不动产登记查询服务；数字政务领域，**探索村级证明事项标准化**，推动证明事项电子化开具、应用；市场主体退出领域，打造完善**东莞市企业退出"一网通办"服务平台**，形成企业退出申请"一张表"；知识产权领域，**设立知识产权融资和海外知识产权维权援助资助项目**，推动全市首单海外知识产权侵权责任保险落地；监管执法领域，**开展包容审慎监管**；数字经济领域，**印发《东莞市数字经济发展规划（2022 – 2025 年）》**，聚焦五大领域、十大产业、三大要素，建立东莞市数字经济发展体系；投资贸易领域，**获批省级进口贸易促进创新示范区、广东自贸试验区联动发展区**，推动启盈跨境电商生态园区项目建设，加快培育海外仓、独立站等新业态。

创新实践

港资企业全程电子化登记改革

一 举措内容

为进一步提升粤港澳大湾区投资贸易自由化便利化水平，东莞积极携手香港方面深入拓展商事登记合作内涵，在全国率先实现**港资企业全程电子化登记**。2022年10月13日，东莞市政府与中国法律服务（香港）有限公司、中国委托公证人协会共同举办了东莞市港资企业全程电子化登记启动仪式，现场颁发了全国首张通过全程电子化登记发出的港资企业营业执照，实现港人港企足不出户即可在内地办理营业执照。

二 创新亮点

1 简化公证文书，减少港资登记申请材料。

针对香港投资者在内地投资所需法律文书繁杂、审查不便，不利于纸质材料电子化等问题，市市场监管局积极与中国法律服务（香港）有限公司、中国委托公证人协会有限公司沟通协调，并争取上级支持，于2018年10月经司法部核准备案，在莞港两地**正式启用简化版香港公证文书**，拉开了港资企业登记改革的序幕。

简化后的公证文书，使用获得市场监管、司法、商务、公安、港澳事务、金融、卫健及银行等用证部门认可的统一文本格式，压缩了新设企业主体资格证明文件的数量及篇幅，格式更规范、重点更突出、材料更浓缩、文书更通用、登记更简便。改革实施以来，已有800多家港资企业使用简化版公证文书成功在莞投资兴业。

2 建立共享平台，实现文书跨境信息共享。

为解决港资企业公证文书跨境数据共享问题，本市市场监管局协助中国法律服务（香港）有限公司**建立公证文书信息共享数据库**，上线中国（香港）委托公证业务综合管理信息化平台，实现平台与全程电子化登记系统的数据对接，提升比对申请材料、查验公证文书真伪等工作的能效，夯实港资企业商事登记离岸办理提供技术支撑。

与中国法律服务（香港）有限公司、中国委托公证人协会有限公司积极建立长效沟通联络机制，**实现港资企业全程电子化登记从"最多跑一次"到"一次不用跑"的转变**，港资企业设立登记的申请准备时间由原来的半个月缩短到最快一个小时的转变。

系统上线得到社会各界广泛关注，中国新闻、人民日报客户端、中国报道网、触电新闻、大公报等15家媒体累计发出、转载相关报道24篇，取得较好的社会反响。

3 创新制度设计，攻克港资跨境商事登记难关。

针对香港企业和个人没有内地数字证书、电子签名无法互认、个人信息隐私保护等问题，本市市场监管局研究出台了《**东莞市港资企业全程电子化登记实施方案**》，优化电子签名与实名验证工作机制。

（1）将电子签名与实名验证统一在"粤商通"平台实现，减少重复签名与认证，提升办事体验；

（2）破除香港自然人数字证书与内地无法互认的障碍，持有来往内地通行证的香港自然人，可直接采用人脸识别进行电子签名；

（3）不能签名或者不愿意用人脸识别进行电子签名的，允许书面委托中国委托公证人代理申请登记，并代理签名。

一套组合拳，解决了香港投资者在全程电子化登记中的电子签名难题。

三、创新成效

港资企业全程电子化登记改革后，将进一步营造更加规范、便捷、高效的市场准入环境。香港公证文书由原来数十页材料压减到现在的 4 页，得到市监等 9 大用证部门统一认可及使用，800 多家港资企业使用简化版公证文书在莞登记注册。香港投资者在莞开办企业，原来要往返莞港两地最少 1 次、前往办事窗口 1-3 次，改革后实现了"零跑动"和"指尖办"，企业设立申请时间也由原来的最少 20 余天缩短到 1 个工作日内即可办结。港资企业全程电子化登记极大地降低了投资者的时间、交通成本，有效克服因疫情人员往来不便的不利影响，推动莞港两地资源要素更加高效流通，交流合作更加深入融合。

东莞市港资企业全程电子化登记系统上线以来，已办理港资企业全程电子化登记业务 58 笔，占全部港资企业设立登记业务的 25.78%。过去通过邮寄方式流转申请材料至少需要两星期才能提交申请，现在仅需一天时间就顺利拿到营业执照。这项改革为疫情期间政务服务跨境办提供了改革样本，为全省、全国进一步深化商事制度改革，提升粤港商事登记便利化水平提供了重要的先行经验和成功借鉴。

创新启迪

东莞市围绕打造高品质现代化城市、大湾区创新高地、全国先进制造之都的战略目标，加快打造一流营商环境，为高质量发展聚势赋能。东莞市推出港资企业全程电子化登记改革，减少港资登记申请材料，推动文书跨境信息共享，实现香港投资者电子签名的互认互通。这一改革明显便利了港资跨境商事登记流程，实现了香港投资者在莞开办企业"零跑动""指尖办"，为市场主体节约了时间成本，推动莞港两地资源要素更加高效流通、交流合作更加深入融合。

南宁市

>>> 创新综述 <<<

南宁市锚定"争创一流"的目标，坚持以提升市场主体满意度为导向，对标借鉴先进地区经验做法。2022年，南宁市出台营商环境改革4.0版本**《南宁市2022年营商环境重点指标创新突破行动实施方案》**，细化改革任务229条。通过建立定期监测、专项督查、年度考评的全流程、多维度督查考评机制，持续推动各指标领域改革创新，营商环境迈上新台阶，有效激发了市场主体活力和社会创造力。

2022年，南宁市营商环境创新举措主要集中在以下方面：在破除区域壁垒方面，推行**企业登记注册三"一"改革**（即：名称"一报即得"，迁移"一申即转"，住所"一照多址"），提高市场主体登记注册便利度；推进**招标投标、政府采购全流程电子化改革**；建设**数据中台**，促进系统整合数据融合，扩大企业电子印章应用范围。在市场机制改革方面，探索**市场主体歇业备案制**，为市场主体"休养生息"提供便捷化的救济路径；推行**电子诚信卡**，健全守信激励机制；**扩大轻微违法行为"免罚清单"范围**，营造更加宽容的制度环境。在完善投资建设方面，深化**工程建设项目全**

NAN NING

流程"**多测合一**"改革，升级"**交地即交证**""**拿地即开工**"业务办理模式；开展"**电力预装**"改革，打造**自贸区南宁片区**"**即插即用**"示范区。在提升对外开放方面，推广"**提前申报**""**两步申报**"等通关便利化措施；对转关货物实行"**货到即核销**"，保障出口跨境电商货物"**零延时**"**通关**。在创新监管机制方面，成立**劳动人事争议多元联合调解中心、中国国际经济贸易仲裁委员会东盟庭审中心**，积极探索"互联网＋枫桥经验"新实践，搭建"**云享法庭**"，多元化解市场主体矛盾纠纷。在优化公共服务方面，创新"**邕心办问 一件事集成**"办问协同税费服务模式；打造"**一园多区**"的现代化人力资源服务产业集聚区、区域性人力资源产品采购首选地和面向东盟人力资源服务合作核心区。

创新实践

"邕心办问 一件事集成"办问协同税费服务模式

一、举措内容

南宁市税务局持续深化"放管服"改革，以"我为纳税人缴费人办实事暨便民办税春风行动"为契机，从纳税人缴费人日常需求的关键小事入手，探索打造"邕心办问 一件事集成"办问协同税费服务模式，试点"办问分离"向"办问协同"转型，全面提升纳税人缴费人体验感和满意度。

二、创新亮点

1. 集成资源，运行管理统一有效

将线上和线下，咨询和办理，内部和外部等服务资源进行集成，以统筹调度为手段，扎口管理渠道、人员和业务。

（1）渠道融合，线网厅"一件事"。建立"不见面服务中心"，探索热线、网线等线上服务，与办税服务厅线下服务整合优化、融合联动，实现"一问到底"。

（2）**人员集中，市县处置"一件事"**。精选各县（市、区）业务骨干 41 人到市级"不见面服务中心"集中，对全市办税需求实施**"一体化"**调度，在各县区局设立远程柜台，对线上办税提供兜底服务，实现"一次不用跑"。

（3）**协同共服，跨部门业务"一件事"**。以**"2 小时诉求响应"** 为目标，积极纳入 12345 政务服务热线知识库，打通与不动产登记中心、公积金等部门服务壁垒，明确答复口径并建立符合本地群众涉税费"办问"需求的知识库，实现"最多问一次"。

2

集成业务，关键小事体验有感

将现有业务流程进行融合，前后台数据进行聚合，按照不同的办税费场景和业务难易程度，实施分级分类服务。

（1）**数据赋能，简易事项智能办**。依托税收信息化，借助短信验证码验证授权、移动办税链接推送等信息化新功能，实现**"热线智能办、链接直达办"**，确保"问题先解决，最多问一次"。

（2）**同屏共享，操作事项辅导办**。诉求涉及网上操作类事项，通过**征纳互动平台共享屏幕**的方式，与纳税人"同屏共享"，实现协助办理，减少纳税人因为重复查找、表述不到位持续等待的时间。

（3）**两级联动，线下业务远程办**。推出"一单直达、两级联动"模式，采取在线递交申请和资料，线上线下与前台后台联动，线下主动帮办解决需到厅办理的事项，避免纳税人线下多头跑。

3

集成机制，支撑保障研判有力

构建"12366南宁分中心、电子税务局运维中心、风险分析研判中心、数据治理中心"四个中心"四位一体"运行机制，为"邕心办问 一件事集成"提供强力支撑。

（1）**闭环跟踪，强化考核。** 建立"诉求收集—问题归类—分析研判—数据处理—结果反馈"的**工作闭环**，全流程跟踪诉求响应，**各节点绩效考核**，提升管理质效。

（2）**会商研判，集成应对。** 将跨层级、跨城区、跨税种等疑难杂症，交由"四个中心"一体化决策，通过专家团队和部门协同会商，集成式给出解决策略。

（3）**动态分析，态势感知。** 针对评价情况、咨询情况和办理情况各项指标进行动态分析，主动编写**老友号热点问题**并统一对外发布问题解答，及时提供指引，减轻咨询负担，提升问题解决效率。

三、创新成效

1 两个转变

（1）**管理模式由粗放到集约的转变。** 通过对渠道建设、人力资源和响应机制的整合，对原有行政资源进行统筹管理，高度集中、一致决策，形成诉求响应一个声音出、一个标准答、一把尺子量，实现由粗放到集约的转变，推动服务效能最大化。

（2）**服务方式由割裂到协同的转变。**自2022年4月试点以来，累计办理"办问协同"事项3.5万笔，实现了线上服务"只能问不能办"向"既能问又能办"的转变。

2　两个提升

（1）**运转效率提升。**"不见面服务中心"以相同人力投入，服务承接总量增长53.71%。2022年10月，原需转主管税务机关办理的事项环比下降约60%；远程柜台"问"转"办"事项平均办理时长缩短至5分钟，压缩67%。

（2）**用户体验提升。**纳税人无需再辗转各个服务渠道、面对不同的工作人员、不断复述自身需求，无需二次拨打电话、无需到厅，实现"一次办成一件事"。

> **创新启迪**
>
> 南宁加快打造面向东盟开放合作的区域性国际大都市、"一带一路"有机衔接的重要门户枢纽城市、北部湾城市群与粤港澳大湾区融合发展的核心城市，对标先进经验，全面改善营商环境。南宁探索"办问协同"税费服务模式，集成线上和线下、咨询和办理、内部和外部等服务资源，融合现有业务流程，聚合前后台数据，构建12366南宁分中心、电子税务局运维中心、风险分析研判中心、数据治理中心"四位一体"运行机制。这一模式有效解决了服务链条脱节、重复查找咨询等痛点问题，提升了税费服务效率，全面提升了市场主体办税的体验感和满意度。

海口市

>>> 创新综述 <<<

海口市全面贯彻落实《中共中央国务院关于支持海南全面深化改革开放的指导意见》《海南自由贸易港建设总体方案》《海南自由贸易港优化营商环境条例》等法规文件要求，积极树立典型、打造标杆、鼓励创新，树立"**人人都是营商环境**"的理念，加快形成法治化、国际化、便利化的营商环境，使海南自由贸易港营商环境更加优化。

2022年度，海口市优化营商环境创新举措主要集中在六个方面：一是海口市以"一枚印章管审批"改革为核心，着力推进**政务服务"零跑动"改革**，全省首推"**无实体证照**"改革，强化**电子证照共享应用**，实现44类高频电子证照线上数据自动获取，线下免于提交实体证照，累计证照共享覆盖办件数量达60万件以上。二是公共交易资源中心推动建设的"**区块链+电子保函**"**应用系统**，以移动APP的便捷化方式实现线上申请、核验、支付、提交、解密、承兑等让企业"**一次都不用跑**"。三是"**海知贷**"作为知识产权与金融深度融合的一种融资新探索，通过建立质押融资风险分担和补偿机制，形成"**政府+银行+评估+担保**"的合

作模式，为科技型中小微企业开辟了新的融资渠道，2022年通过"海知贷"贷款企业11家，贷款金额共计2660万元，储备待放款项目8笔，金额共计1850万元；四是龙华区法院**用组合拳破解执行难问题**，通过综合采用不动产集中处置、预处罚程序、头条弹窗曝光、调查令直通车等措施，促使2021年至今执行结案22333件，有财产可供执行案件法定期限内实际执结率91.99%，全部执行案件到位金额12.81亿元，执行到位率27.29%。五是江东新区推行**"一件事一次办好"改革**，升级"互联网+政务服务"，实现**工程项目全流程事项清单式报建**，将工程报建项目细分为15类工程报建主题，建设项目"一件事"主题报建，2022年已为151家企业389个项目提供高质量服务，好评率达100%。六是海口国家高新区全面推行**"企业秘书"制度**提供体系化、清单化、规范化、标准化的全生命周期专业服务，2022年，高新区新增开工入统项目57个，高新区营业收入同比增长3.5%，高企总数达205家，高企数量占全市、全省比重分别达到22%、15%。

创新实践

推进政务服务"零跑动"改革，实现便民利企

一、举措内容

为贯彻落实《海南自由贸易港建设总体方案》和中央、国务院、省委省政府关于优化营商环境工作的指示精神，坚持以人民为中心，以群众满意为目标，深化"放管服"改革，**以"一枚印章管审批"改革为抓手**，解放思想、敢闯敢试、大胆创新，**着力推进"零跑动"改革**，企业、群众的幸福感和获得感不断增强。

二、创新亮点

1. 顶层统筹谋划，锚定"零跑动"目标。

积极推进**"一网通办"**建设，实现了区、镇（街）、村（居）三级政务网络全覆盖，三级所有政务服务事项全部纳入**行政审批"一体化"平台**进行受理、审批，杜绝了"专网受理、纸件流转、体外循环、无法监测"的乱象，探索形成了**全流程一网受理、一网审批的政务服务工作模式**。

2 线上线下融合，增强"零跑动"协同。

区级和镇（街）政务服务可网办事项，都可以在海南省政府服务网、"海易办"、海口市掌端"海好办""椰城市民云"，龙华区公众号"龙易办"上申办，促进 PC 端和移动端多渠道可办，实现了**线上线下协同、网端掌端互补、相得益彰**的"零跑动"运行模式。

3 拓展自助服务，提升"零跑动"能力。

2022 年，可自助办理龙华区、海口市、全省、跨省事项 1757 项（其中 799 项实现与 61 个省市及地市跨省通办）。在镇（街）陆续试点建设自助服务区，**将 24 小时自助服务向镇街延伸**，完成 6 个镇街 24 小时自助区点位建设。

4 推行贴心服务，体现"零跑动"温度。

将老年优待证核发等政务服务事项纳入**网格员上门服务**范畴。开展老年服务事项"门边办"、农房报建"零跑动"业务，切实解决老人及农民朋友难以跨越的"数字鸿沟"以及涉及坐标等专业性较强操作难的问题，真正实现**"数据多跑路、群众少跑腿"**。

5 运用现代科技，助力"零跑动"改革。

应用2项国家专利，建成**全省首家"全流程智能化制证中心"**，研发集成式证照、相片打印管理系统等多个政务服务辅助系统。电子照片、人员信息、防伪二维码信息"三合一"一次制作成型，最后实现扫码亮证，做到一证一码，照片差错率为零，防伪能力更强，溯源更精准。"集成式证照、相片打印管理系统"技术已荣获国家版权局颁发的国家软件著作权证书。

三 创新成效

1 线上政务服务能力显著增强。

区级可全程网办421项，占比96.78%；镇级可全程网办102项，占比100%；街道可全程网办86项，占比100%。群众需办理的38类事项批复结果可通过公众号送达，42类事项证照类结果可当天送达。两年来，减少企业群众跑腿25万余次。

2 自助服务便利程度大幅提升。

龙华区为群众和企业提供"7×24"小时全天候"不打烊"服务。截至目前，通过自助柜发放24047套企业印章。

3 流程优化促进办事更加便捷。 流程优化促进办事更加便捷。推出容缺后补事项 131 个、承诺审批事项 82 个、"秒批"事项 120 个，其中镇（街）服务事项 60% 以上推行"秒批"，实现政务服务事项即办即结。

4 群众办事效能大大提高。 群众办事效能大大提高。龙华区对农房报建许可审批、事中监管、验收审批环节办理部门审批时限由原 46 个工作日优化到 27 个工作日。

5 敬老孝老服务尽显人性关怀。 镇（街）事项中已实现高龄长寿老人补贴首次发放校验、延续发放校验、老年人优待证核发 3 项主动上门为老年人服务。2021 年 6 月以来，已为老年人办理老年优待证 7353 件，办理高龄老人长寿补贴 104420 件。

创新启迪

海口市全力打造海南自由贸易港核心承载区、建设高水平创新型城市，积极树立典型、打造标杆、鼓励创新，塑造法治化国际化便利化营商环境。海口市以"一枚印章管审批"改革为抓手，积极推进"一网通办"建设，实现了区、镇（街）、村（居）三级政务网络全覆盖，并通过线上线下协同、自助服务拓展、现代科技助力来推进"零跑动"改革。这些改革显著强化了政务服务能力、提升了政务服务质量，增强了企业和群众的获得感，助力海口更好实现"让服务更有温度、工作更有效率、企业权益更有保障"这一目标。

成都市

>>> 创新综述 <<<

成都市以习近平新时代中国特色社会主义思想为指导，深入贯彻习近平总书记来川视察重要指示精神，深刻领会第十次全国深化"放管服"改革电视电话会议精神，全力建设践行新发展理念的公园城市示范区，加快打造带动全国高质量发展的重要增长极和新的动力源。

2022年，成都市营商环境创新举措主要有：**纵深推进营商环境综合改革**，在全面落实4.0版营商环境政策体系基础上，制定《**成都市持续优化提升营商环境十大举措**》（5.0政策体系）；统筹疫情防控和经济社会发展，出台"**助企30条**""**纾困10条**"等助企纾困政策，实施**产业建圈强链行动**，经济社会发展保持良好态势。**持续激发市场主体活力**，全面推行政府采购意向公开、不见面开标；深入推进商事制度改革，开展"**证照分离**"改革全覆盖，试点推行商事登记确认制、企业经营范围备案制等。市场主体总量突破360万；实施"**蓉易贷**"普惠信贷工程，信贷规模累计达到603.1亿元。**稳步筑牢公平公正基石**，出台《**成都市优化营商环境条例**》，将改革措施、创新做法以地方性法规的形式固化；

CHENG DU

打造市场主体智慧监管平台，将双随机监管与信用风险分类管理深度融合；探索**"信用沙盒"监管新模式**，助力新产业新业态规范健康发展；深化**天府中央法务区建设**，加快形成集公共法律服务、智慧法务等为一体的法治创新聚集区；开展**"司法供应链"管理新模式改革**，构建以办案质效管理、办案服务保障、内外沟通协调"三大中心"为核心，以"智慧法院·成都模式"为支撑的"3+1"运行体系。**提升数字赋能营商环境水平**，推进"智慧蓉城"建设，打造"蓉易"系列品牌，**政务服务"蓉易办"平台**实现依申请政务服务事项 100%"最多跑一次"、90% 以上"可全程网办"，**"天府蓉易享政策找企业"**智能服务平台推动惠企政策集中汇聚、精准查询、主动推送、高效兑现，**"蓉易贷"普惠金融工程**全面提升中小微企业融资的便利性、可得性、普惠性，**"蓉易诉"电子诉讼平台**对企业提供 24 小时在线受理服务。

创新实践

"天府蓉易享政策找企业"平台推动惠企政策"一网通享"

一、举措内容

成都市以实现惠企政策"集中汇聚、精准查询、主动推送、在线申报、高效兑现"为工作目标，建设**"天府蓉易享政策找企业"智能服务平台**，为全市打造市场化法治化国际化营商环境，构建亲清政商关系，促进惠企政策公平、透明、易享、直达，推动"企业找政策"向"政策找企业"转变。平台面向企业开通政策查询、政策推送、在线申报、结果公示等功能，可通过蓉易办 PC 端、移动端登录访问；面向政府部门提供政策发布、事项配置、在线审批、统计分析等功能；同时，平台集成电子证照、电子印章、电子签名、图文识别（OCR）等基础支撑功能。

二、创新亮点

1 集中汇聚推动"一站式"查阅。

平台建设政策文件库，及时汇聚国家、省、市发布的政策文件，累计汇聚各类政策文件 900 余件，并将这些文件分门别类地放到"蓉易享"平台的页面上，明确标注好政策文号、生效日期、责任单位、政策类型等。对于可申报事项，明确标注基本信息、政策依据、材料列表、常见问题等。

面向企业开通政策查询、政策推送、在线申报、结果公示等功能，企业可直接通过网址和市政府门户网站、蓉易办的 PC 端、移动端登录访问。企业可以按照行政层级、部门、政策分类和行业分类进行政策筛选，也可通过关键字检索，实现多维度、多层级的便捷精准查询，极大提高了企业筛选出所需政策文件和事项的便利度。

2 企业政策"双画像"加快精准推送。

收集本市市场监管局及第三方的企业基本数据，通过梳理分析，完善企业基本信息，现形成纳税活跃度、经营异常、规上企业等 218 个企业标签。对惠企政策按照行业分类、市场主体范围、申报条件进行标签化处理，通过**企业与政策的"双画像"**，智能匹配政策和企业标签向企业主动推送政策，实现企业和政策标签的智能匹配并形成可能享受政策的企业清单，实现政策找企业，通过站内信息、手机短信、蓉易办 APP 等渠道向清单内的企业主动推送信息。

另外，向企业提供**"政策计算器"**功能，企业可以通过自身基础信息，通过"蓉易享"平台的智能算法，对可能享受的政策资金进行智能预估，极大地提高了企业使用"蓉易享"平台的体验感。

3. "全程网办"实现政策红利直达快享。

在企业端设置在线申报模块，在 PC 端和移动端均可申报，一方面很多提交材料较少或无需提交材料的申报事项，企业可以直接在移动端进行便捷的**"指尖申报"**，减少企业所花费的时间，提升企业的使用感；

另一方面，需要提交材料较多的申报事项，可以在 PC 端进行申报，保证申报的完整性，避免遗落材料。

通过优化拟申报事项的材料、流程、环节，企业用户在平台可直接填报事项申请表，对平台已共享的电子证照、信用等级等资料无需填报直接调用；

其他佐证材料则按提示在线下载申报模板，在线提交申报材料，实现企业**"不见面申报一次提交"**，缩减了企业在申报过程中的消耗时间和环节。

在政府端设置在线审批模块，为适应部门和区（市）县不同的审批流程需要，对材料配置和流程配置等功能进行优化，提高政策事项的配置效率，推动主管部门**实时在线审批**，并能支撑刚性条件"免审"事项和企业白名单制的"免申"事项上线，使企业更加便捷地体验到"免审""免申"事项。`

三 创新成效

截至 2022 年底，平台共汇聚 360 余万家企业基本数据，形成企业标签 218 项，在全国同类型平台中名列前茅。有效政策文件 601 件，设置疫情防控助企纾困政策专区，专区内包括"纾困 10 条"政策文件等，主动向企业库中符合条件的企业推送相关政策，对于疫情中企业获得相关补助，营造更好的营商环境做出了很大的贡献。累计上线可申报事项 340 条，其中市本级 134 条，区（市）县 206 条，超过 4100 家企业通过平台进行申报，审批通过约 2100 余家，使企业感受到了成都市对营商环境建设的用心用情用力。

创新启迪

成都着力建设全国重要的经济、科技、金融、文创、对外交往中心和国际综合交通通信枢纽城市，以"激发市场主体信心和活力"为主线，探索"商业服务＋政务服务＋生活服务"模式，打造普惠均等、便民高效、智能精准的政务服务体系。成都市建设的"天府蓉易享政策找企业"智能服务平台，通过"一站式"查阅、"双画像"匹配、"全程网办"直达，推动政务服务从"企业找政策"老模式转向"政策找企业"新思路。这一平台让惠企政策"集中汇聚、精准查询、主动推送、在线申报、高效兑现"，保障各类政策落在实处，为市场主体发展壮大提供有力支撑。

贵阳市

>>> 创新综述 <<<

2022年贵阳市坚持把营商环境作为"强省会"的重要内容和重要抓手，坚定不移推动强环境，为"强省会"行动创条件、增后劲。市委全会通过**《中共贵阳市委关于抓作风优环境强省会的实施意见》**，市政府印发**《贵阳贵安做优"贵人服务"品牌打造一流营商环境攻坚行动方案（2022—2025年）》**，明确目标任务，设立由分管副市长担任指挥长的强环境指挥部，加强统筹协调推进，全力做优**"贵人服务"营商环境品牌**取得积极成效。

群众企业办事更加便捷。 全力推动**政务服务"五个一办"**，"一表办"实现群众企业办事只看"一张表"，"一网办"实现全程网办率82.26%，"一窗办"实现"一窗无差别受理"，"一次办"大幅减少办事环节、申请材料、办理时间和跑动次数，"一站办"基本实现"园区事园区办"。围绕"十五分钟生活圈"打造"十五分钟政务服务圈"，让群众就在"家门口"办事。**常规涉企服务更加高效。** 开办企业实现"一网申请、一表填报、并联审批、一日办结"。社会投资项目审批时限压缩为40个工作日以内。不动产登记全业务压缩至3个工作日内办结，并实现与水、电、气、讯联

GUI YANG

办。用水报装办理时限 0.5 个工作日、用气报装平均时限 3-6 个工作日、低压非居民客户全过程平均办电时间为 3.5 个工作日。涉税（费）事项实现 90% 网上办理，网上申报率近 99%。**政府惠企利企更加给力**。落实减税降费政策红利，2022 年完成完成留抵退税 142.81 亿元，惠及市场主体 40 多万户。免费发放新办企业税务 UKEY 近 6.4 万个。打造**"贵商易"企业综合服务平台**已升级为省平台，实现"政策找企业更准、企业找政策更易"，平台金融服务板块已入驻 29 家银行，发布 70 余款金融产品，平台贷款 7564 笔，累计授信 19.49 亿元，放款 15.76 亿元。出台**推动复工复产复市提振经济工作方案**，帮助企业纾困解难。**企业诉求化解更加畅通**。12345 热线、**贵商易平台**等诉求渠道保持畅通，认真对待企业投诉，及时回应关切。开展领导干部入企走访活动，市县两级领导干部共联系走访 2885 户次，帮助企业协调解决问题 324 个。

创新实践

聚焦政务服务"五个一办"，助推营商环境提质增效

一 举措内容

2022年，贵阳按照市委、市政府"强省会"五年行动决策部署，深入推进"放管服"改革，持续优化营商环境，政务服务中心**以一表办、一网办、一窗办、一次办、一站办"五个一办"**为主抓手，持续做优"贵人服务"品牌，加快提升一体化政务服务能力，让企业感受度更好、群众满意度更高。

二 创新亮点

1 全力推动"一表办"

市政务服务中心按照全省统一部署要求，统筹组织市本级、贵安新区、区（市、县、开发区）、乡（镇、街道）、村（社区）四级做好全省标准化政务服务事项关联领取、审核发布工作，实现**"应关尽关""要素统一"**，梳理公布了市、县、乡、村四级事项清单。

同时，根据事项精细化、通俗化，将办事指南、办事链接、跑腿次数等纳入清单内，实现**企业**、**群众办事只看"一张表"**。

2 全力推动"一网办"

作为全省"全程网办"改革工作唯一试点，市政务服务中心整合市大数据局、大数据公司等单位力量，统筹协调、集中攻坚，以系统融通、数据共享、全程网办为重点，建立**全程网办事项动态管理机制**，将工作方法流程化标准化，全力推动"一网办"。

3 全力推动"一窗办"

根据省委、省政府关于推动"一窗通办'2+2'模式"改革的工作部署，贵阳市政务服务中心以"**自然人＋法人**""**咨询＋投诉**"的"**2+2**"**形式**做好大厅功能分区和优化窗口设置，采取点对点、跟窗学习、实际上机操作等方式持续开展业务培训和礼仪轮训，提升综合窗口人员的业务能力。

4 全力推动"一次办"

《国务院办公厅关于加快推进"一件事一次办"打造政务服务升级版的指导意见》（国办发〔2022〕32号）文件发布后，市政府高度重视，明确由市政务服务中心牵头推动工作落实。市政务服务中心第一时间召开党组会，组织对文件内容进行全文学习，明确责任领导和牵头处室。组织区县政务服务中心业务骨干共同谋划改革落地框架，主要围绕"事从哪里来，事怎么整合，事怎么办"，起草了《贵阳贵安"一件事一次办"改革方案》（征求意见稿），在国家13项"一件事"清单基础上，提出"一件事一次办"清单196余项。

5 全力推动"一站办"

为实现企业群众就近办，贵阳一手抓服务企业，推进**政务服务"园区事园区办"**，一手抓便利群众，推进**"15分钟政务服务圈"**。

政务服务"园区事园区办"工作方面，7月20日，市政务服务中心牵头起草并印发了《贵阳贵安关于推进政务服务"园区事园区办"工作方案》，形成任务清单，按表推进各园区政务服务"园区事园区办"工作。

"15分钟政务服务圈"工作方面，市政务服务中心先后深入6个乡（镇）、10个街道、7个村、12个社区，以群众办事需求为导向，充分考虑基层承接能力，从机构运行、人员配备、办理事项、制度建设、业务系统等方面，全面了解村（社区）服务站建设情况及发展现状。目前，围绕全市"15分钟生活圈"确定了99个试点村（社区）服务站和50个下沉高频政务服务事项，预计在年内完成试点建设工作。

三 创新成效

1 ▶ 目前，全市全程网办率平均达 82.26%，30 个市级自建系统已完成融通，59 类电子证照完成汇聚，36 个共享应用场景落地。

2 ▶ 市本级、贵安新区、各区（市、县、开发区）共 16 个政务大厅均按照全省"一窗通办'2+2'模式"改革要求，完成大厅布局调整和窗口设置，实行"一窗通办'2+2'模式"。

3 ▶ 2022 年 9 月发布的《省级政府和重点城市一体化政务服务能力评估报告（2022）》显示，贵阳市由"高"提升到"非常高"，进入全国第一方阵。

创新启迪

贵阳奋力打造打造西部地区重要经济增长极和内陆开放型经济新高地，坚持全力做优"贵人服务"营商环境品牌。贵阳市政务服务中心以政务服务"五个一办"为主抓手，梳理公布市、县、乡、村四级具备可操作性的事项清单，协调各部门扩大全程网办事项范围，建设"一窗通办"政务大厅，落实"一件事一次办"相关要求，打造"15 分钟政务服务圈"，实现"一站办"。这一举措真正把便利化服务送到了群众的家门口、心坎上，也体现出城市一体化政务服务能力的显著提升。

昆明市

>>> 创新综述 <<<

春风先到彩云南，昆明市切实发挥春城优势、扛起省会责任，以打造"四季如春营商环境"为目标，坚持"政府围着企业转，企业有事马上办"，把市场评价作为第一评价、企业感受作为第一感受、群众满意作为第一标准，着力健全营商环境政策框架体系，市委领导、政府主责、人大问询、政协参议、纪委问效、社会监督的**全市营商环境一体化工作格局**不断巩固，以营商环境之变为高质量发展培育了一方投资兴业沃土。2022年全市实有各类市场主体增长19.6%，占全省24.5%；"四上"企业增长12.9%，63家在昆企业上榜云南企业100强榜单。

2022年度，昆明市营商环境创新举措亮点纷呈：出台《**昆明市优化营商环境办法**》和《**昆明市全面优化提升营商环境三年攻坚行动方案（2022—2024年）**》，着力打造产业、投资、政务、市场、创新、法治、人文、开放"八大环境"。全省率先开展"一把手"走流程一线破题，**建设市县乡三级"昆明市营商环境观察站"**护航发展，**聘任营商环境监督员**跟踪问效，**举办"营商环境会客厅"**政企联动，着力打造放心、定心、省心、顺心、暖心

KUN MING

的市场环境。全市政务服务事项网上可办率99.82%，全程网办和"零跑腿"比例达96.34%，一体化政务服务能力总体指数由"高"跃升至"非常高"，跻身全国前列。企业开办**"一窗通"**，实现最快0.5个工作日"零成本"开业，简易注销**"一网服务"**。登记财产**"一窗受理、并行办理"**，全省率先实现新建商品房交房即交证。用电报装**"一键式"**接入，燃气报装**"零见面"**，用水报装**"零材料"**。探索**远程异地评标工位制**，打破专家资源地域限制，化解"常任专家"难题。首创**"审批服务到位率"**考核，投资项目审批时限压缩91.41%。"妈妈式"免费服务全程帮办代办，"123456"组合拳"5D"服务助推产业落地，"五员"全流程服务助推项目驶入"快车道"，"助企直通车"提升企业满意度，全市上下着力减环节、压时间、降成本、优服务，创造了令人赞叹的"昆明速度"。

借得春风好扬帆，昆明将矢志不渝、只争朝夕，为高质量打造"投资沃土、温馨春城"书写好市场化、法治化、国际化、便利化的一流营商环境"昆明答卷"。

创新实践

远程异地评标工位制
打破地域限制，化解"常任专家"难题

一　举措内容

面对各地公共资源交易领域专家资源分布不均，个别专业专家较少，频繁参与评标，易成为"常任专家"，加之监管手段有限等问题，有的评标专家相互串通，为请托人顺利中标"创造条件"。昆明市以转变监督方式、强化监督质效为目标，持续推进平台整合共享工作，**积极探索远程异地评标工位制工作**，坚持试行探索、全面推行的工作方式，**进一步提高公共资源交易监管效率和水平，优化招标投标领域营商环境。**

二　创新亮点

1　打破传统实现专家独立工位评审。

通过评标工位改造，实现同一项目的评委分散在不同评标地点、同一评标地点的专家分配不相邻评标工位，充分确保专家评审的独立性。

2 坚持流程机制拟定和平台功能开发建设"双同步"。

依托全省公共资源交易平台，以系统深度融合、数据互通共享为导向，对各类交易项目的流程、时限合规性进行监督预警，围绕招、投、开、评、定五大环节，组成专项攻关小组对比传统评审模式同步研究、设计工作流程、组织工位制评审和功能开发，实现交易全环节实时动态监控、数据全程留痕，不断增强交易监管精准性，解决事中监察难题。

3 实现远程异地评标工位"三随机"。

评标专家从全省统一的综合评标专家库中随机抽取，系统按专家所在地随机分配工位，工位随机匹配评标项目。

在远程异地评标中：
（1）坚持**"评标区域随机"**，即依法必须招标项目的评标地点随机分配；
（2）坚持**"评标专家随机"**，即评标专家从全省统一的综合评标专家库中随机抽取并随机分配评标地点；
（3）坚持**"评标工位随机"**，即评标专家在随机分配的评标地点参与评标的工位随机分配。

4 实现全程在线见证及评标全程留痕可溯。

项目所在地交易中心提供**数字化见证服务**，发现违规违纪行为及时取证、存证，并向监督管理部门实时在线转办。

> 系统自动将评标过程所有分散场所形成的音视频及文本资料均实时存储上云，形成交易全过程电子档案，实现**"一项目一档案"**，满足监管随时调阅需求，监督人员通过音视频通道，远程在线开展监督工作，全方位监督评标过程，监督过程可以事后追溯。

三 创新成效

2022年11月9日，在国家发展改革委招标投标改革创新视频推进会中，昆明市招标投标工作成果和创新做法，作为示范引领城市在会上做交流发言。并在云南被列为试点城市在全省复制推广。

远程异地评标工位制打破了专家资源地域限制。

工位制管理的评标工位实现同一项目除招标人代表在项目所在地进行评审外，评标专家随机分散评标，进一步解决专家分布不均、"常任专家"评"人情标"等问题，全面提高公共资源交易规范性、高效性、公平性。

监督智能透明，评标规范高效。

监督人员可进入"评标会议室"全方位监督评标过程，发现异常情况及时提醒、警告，形成全程、即时、可追溯的监管，有效堵塞专家群体"开小会""咬耳朵"形成的勾联漏洞。

随机性强，空间独立，信息很难外泄。

项目业主和招标代理不知道哪些专家参与评标，专家在进到评标室前不知道自己要评哪个项目的标，同一项目5位评标专家分散在不同地点进行评标，互不见面，通过网络视频和语音交流，全程录音录像，从技术上保障了专家独立评标。

试点推动"昆金服"公共资源交易金融服务平台上线。

昆明先行先试，为全市范围内的工程建设项目提供电子保函服务，盘活企业现金流，释放市场主体活力，2022年3月与省统建平台实现无缝迁移。截止2023年2月底，累计为投标人盘活释放保证金约65亿元。

全面降低招投标现金保证金收取金额。

2022年出台优化投标保证金代收规定，要求各类工程建设项目收取现金保证金最高上限金额降幅不得低于30%，现金保证金缴纳最高上限为不得超过56万元。每月为投标人节省投标保证金3000—4000万元。

创新启迪

昆明努力打造区域性国际中心城市、当好全省经济社会发展排头兵，着力打响"昆明效率、昆明服务、昆明诚信"营商环境新品牌，不断巩固全市营商环境一体化工作格局。昆明探索的远程异地评标工位制工作，在公共资源交易项目的评标环节推进远程异地评标工位"三随机"（评标区域随机、专家随机、工位随机），以系统深度融合、数据互通共享为导向实现全程留痕可溯。这一举措破解了评标专家分布不均、人情标等难点问题，全面提高了公共资源交易规范性、高效性、公平性，保障了各类市场主体在招投标过程中公平竞争的权利。

拉萨市

>>> 创新综述 <<<

2022 年，拉萨市持续用好"改革开放"关键一招，努力在**放出活力、管出质量、服出便利**上下功夫，以坚定信心和顽强决心推进优化营商环境。国家发展改革委发布的全国 80 个城市营商环境评价结果显示，拉萨市得分提高 30.13 分，排名百分位较上一年度提升超过 10 个百分点，董事责任程度、公司透明度和纳税次数两项指标获得满分，成为全国最佳，是全国营商环境提升最快的城市之一。

打造高效便捷的政务环境。取消各类证明材料 100 项，取消下放行政许可事项 5 项，办事承诺时限压缩 80% 以上，不动产权交易登记缩短至 4 个工作日，一般性企业开办压缩至 3 个工作日。加快推进网上办等"六办"措施，推出"萨都办"政务服务 APP，政务服务事项网上可办率 98%，40 项高频事项实现现办现领，60 项事项实现跨省跨市通办。**完善务实精准的政策环境。**利用增减挂钩盘活城镇建设用地指标 5102 亩，复垦闲置土地 2749 亩。对土地基准价格更新调整，工业用地价格下调 5.35%。积极推动金融资本服务实体经济，搭建**政银企合作机制**，累计帮助企业融资 220 亿元。研发推行**电子保函**，区市两级交易平台中国金融认

LA SA

证中心数字证书实现互认，大幅降低制度性交易成本。有力打通劳动力资源流动障碍，全面实行**城镇落户"零门槛"**。加快编制**"十四五"人才发展工作规划**，在第三方机构发布的中国城市人才吸引力排名中，拉萨进入全国 70 强。**优化公平竞争的市场环境**。全面落实"非禁即入"，将房屋建筑和市场工程全部纳入公共资源交易平台，实行政府采购全程电子化交易，推动远程异地评标常态化。率先启动公平竞争审查第三方评估，成立**全区首个知识产权仲裁调解中心和知识产权维权援助中心**。推行政务服务"好差评""接诉即办"等监管制度，创新开设"**吐槽窗口**"，督促差评整改 176 件。完成 12345 政府服务热线智能化改造升级，群众满意率 98.4%。**鼓励敢闯敢干的创新环境**。聚焦建链补链强链，帮助企业找原料、建基地，畅流通、拓市场，召开**企业家恳谈会**，实行**重点项目联审联批**。全市招商引资项目实际到位资金占全区一半以上。大幅提高"十四五"科学研究和试验发展（R&D）经费投入，深化产学研协同创新，筹划设立**数字经济产业研究院**等创新载体。全市高新数字企业 91 家，科技进步贡献率达到 54%。

创新实践

夯实基础、优化服务，推进拉萨市招商引资工作高质量发展

一 举措内容

招商引资环境不断优化，切实增强机制招商意识，切实增强真情服务意识、切实增强效率为先意识。招商引资全程跟进服务机制不断完善，持续优化"**全程代办·专班服务**"和"**五个一服务**"**机制**，各级招商引资服务中心务实全程代办、上门服务、急事急办，与各职能部门通力协作、跟踪问效，加快注册、审批、核准流程进度，高效推进 2022 年 99 个新建项目，实现到位资金 83.95 亿元，占全年到位资金的 32.24%。持续跟进"十三五"以来全市招商引资各类平台正式签约项目 86 个，协议投资 375.42 亿元，累计到位资金 151.99 亿元。

二 创新亮点

1

"一号工程"高位推动。

市委、市政府高度重视，高位推进招商引资工作，市委将招商引资工作纳入全年综合考核指标体系，压紧压实工作责任。市委主要领导在全市

经济工作会议、市委常委会上多次强调招商引资作为"一号工程"的重要性，并作出工作批示。市政府实施**重点招商引资项目专题调度机制**，市政府主要领导每月亲自调度、亲自部署，重大项目亲自对接推进；分管副市长带队赴成都、西安、重庆、深圳、南京、上海等地精准对接重点项目。实行**1亿元以上项目专班跟进服务**，市本级网上政务服务可办率、行政许可事项的平均承诺时限、法定时限压缩平均比例、平均跑动次数、四级深度数量占比分别为99.7%、4.42个工作日、83.47%、0.28次、72.95%，掌上可办事项达到807个。如：拉萨经开区华宝香精股份有限公司在深交所创业板上市，从筹备到上市仅用时7个月。

2

招商引资路径持续走深走实。

狠抓园区招商

2022年，全市各级各类园区落实招商引资项目156个，协议总投资141.69亿元，实际到位资金213.93亿元，占全市实际到位资金的82.17%。拉萨经开区落实招商引资项目36个，实际到位资金115.6亿元，完成年度目标任务的199.31%。

狠抓援藏招商

2022年，全市落实援藏招商引资项目29个，协议投资31.31亿元，实际到位资金18.71亿元。北京援藏工作队积极对接协调推动落实2022全球数字经济大会拉萨峰会成功举办，签订招商协议24份，项目总投资28.53亿元。江苏援藏指挥部建立健全项目专班跟进、项目

狠抓平台招商

"并联审批"、援藏干部挂钩联系"三项制度",对接客商785人次,外出招商144人次,来拉考察152人次,达成意向投资124亿元。

2022年,全市开展"走出去"招商引资21次,"请进来"精准对接31次,对接洽谈推进项目85个,达成签约项目43个,签约协议投资210.51亿元,其中:正式签约项目22个,签约金额52.93亿元,已落地项目13个,实际到位资金7.29亿元,"走出去"招商引资签约项目落地率创近年新高。

三 创新成效

2022年,突出企业至上,高效精准服务。拉萨市招商引资工作坚持以习近平新时代中国特色社会主义思想为指导,在区市党委、政府的坚强领导下,在北京、江苏两省市的无私支援下,在全市上下负重拼搏共同努力下,铸牢首府意识,强化首府担当,突出优质要素集聚,坚持招大引强与培大育强并举、要素招商与服务招商齐抓、政府主导与"以商招商"联动,较好发挥了全区招商引资目标任务"火车头"功能。全年落实招商引资项目234个,协议总投资338.89亿元,实际到位资金260.36亿元(以自治区招商引资考核认定数据为准)。累计转移农牧民就业3395人,实现劳务收入1.05亿元;转移高校毕业生612人,实现劳务收入3452.49万元。

创新启迪

拉萨着力建设青藏高原中心城市、高质量发展区域增长极，把招商引资作为"一号工程"，通过"放出活力、管出质量、服出便利"来优化营商环境、推进招商引资工作高质量发展。拉萨推出的重大项目专班跟进服务和项目"并联审批"等制度体系，持续优化的"全程代办·专班服务"和"五个一服务"机制，让企业便捷享受到项目对接、合同签署、资金到位、实施落地等全流程服务。拉萨高质量招商引资工作发挥了全区招商引资"火车头"功能，在高效服务企业的同时也拉动了本地就业。

西安市

>>> 创新综述 <<<

2022年，西安市持续深入学习贯彻习近平总书记来陕考察重要讲话重要指示精神，深刻领会"系统集成、协同高效"改革理念和"解放思想、改革创新、再接再厉"要求，坚持以重点改革创新引领营商环境建设水平系统提升，全面对标中国营商环境评价指标体系，不断巩固完善优化营商环境"1+18+N"制度体系，印发**《西安市2022年优化营商环境重点任务清单》**，推进实施209条创新改革举措，厚植高质量发展沃土。创新举措主要集中在以下方面：

围绕构建公平有序市场竞争环境，全面推行**招投标全流程"电子化"改革**，实现公共资源100%"不见面"在线交易。打造**工程建设项目全生命周期服务体系**，强化全链条要素供给，搭建**"一码管地"全链条审批系统**，实行**"标准地+承诺制"、分阶段办理施工许可、交房（地）即交证改革**，加速项目落地投产。深化推动跨境贸易便利化改革，落地**全国首个陆路启运港退税试点**，全国首创**国际保理美元融资新模式**，创新**进出口货物通关模式**，打造**中欧班列西安集结中心**，加快构筑内陆地区"效率高、成本

XI AN

低、服务优"的国际贸易大通道。创新**建立"府院联动"、证券期货纠纷诉调对接合作、行政争议预防调处**新机制，完善**进出口商品质量安全风险预警和快速反应监管体系**，应用"互联网+"审管联动新模式，着力构建法治化、智慧化监管体系。优化企业全生命周期服务保障，**攻坚提升一体化政务服务能力**，创新推行企业开办**"标准办、网上办、集成办、免费办、便捷办"**模式，试点推进**"一证（照）通办"**，探索税收**"网格化"**管理机制，推行**"保姆式"金融服务模式**，持续激发市场主体活力。依托"秦创原创新驱动平台"打造科技成果产业化"加速器"和两链融合"促进器"，积极**创建国家知识产权强市建设示范城市**。常态化开展**"一把手走流程、坐窗口、跟执法、处投诉"**活动，深化开展营商环境问题专项治理行动，依托**"西安政策通"**平台实现惠企政策**"不来即享、免申即享"**，系统性提升涉企服务水平。

创新实践

搭建"西安政策通"平台，打通政策落地"最后一公里"

一 举措内容

西安市围绕解决企业在政策兑现中遇到的堵点难点问题，研发建设**"西安政策通"平台**，利用"大数据比对+后台智能筛选"方式，为市场主体提供全方位、全流程、多维度的政策兑现服务，将"人找政策"变为"政策找人"，实现惠企政策"直通直达、免申即享"，着力打造企业群众"找得到、看得懂、用得好"的**政策兑现"一站式"服务模式**。

二 创新亮点

1. 打造线上服务"政策通"，实现政策惠企"智能化"。

研发上线**"西安政策通"系统**，在一体化政务服务平台、政务服务APP、微信小程序同步上线，向企业提供政策"查、办、问、评"全方位服务。

通过**"政策计算器"功能**，向企业提供政策模拟兑现结果，帮助企业第一时间清楚知晓"政策红利"。

通过"政策实施效果在线评价"模块，充分问需于企、问计于企，有效加强政企互动交流，为政策制定提供参考支撑，打造政策"全面查、模拟算、一次办、在线评"一站式服务。

2 搭建特色产业"政策库"，实现信息发布"集约化"。

聚焦西安市"6+5+6+1"现代产业体系建设和全市九个方面重点工作，建立包含2288条惠企政策的**"政策库"**，根据政策类型和惠及对象，设置小微企业、秦创原等6个特色政策专区，企业可通过平台详细掌握每条政策的申请状态、申报截止时间、最高奖励标准等关键信息，快查快办快享惠企政策。

3 构建全量多维"企业库"，实现服务对象"精准化"。

建立涵盖全市286万户市场主体的**"企业库"**，在市场准入源头获取企业登记注册信息，以行业、规模、类型等分类标准，对库内企业进行标签化动态管理，通过简洁直观的标签筛选方式，提供政策精准推送、辅导解读、匹配查询等便捷化服务，变"人找政策"为"政策找人"。

4 编制简洁易懂"指南书"，实现政策兑现"标准化"。

出台《"西安政策通"系统平台运行机制（试行）》，制定标准统一的**政策兑现服务指南**，明确申报时限、申报条件、申报材料、申报流程、奖补标准等核心要素，企业对照指南就能够全流程自主申报。

对企业关注度高的政策，提供政策解读语音播报，"面对面"帮助企业准确掌握申报要求，节约企业学习成本，提高申报效率。

5 **推行在线申报"零跑路"，实现不来即享"免申报"。**

企业申报享受政策时，只需在平台上传电子资料，系统即自动受理，实时查看办理进度，在线反馈办理结果。

创新研发政策**"免申即享"**模块，利用"大数据比对+后台智能筛选"方式，"点对点"落实企业"福利"，符合条件的企业无需申请，即可自动兑现政策资金，让企业"坐享"政策红利。

三 创新成效

截至目前，"西安政策通"平台共汇聚发布国家和省、市、区惠企政策2288条，其中"不来即享"类710条、"免申即享"类224条。累计兑现财政类政策资金176.27亿元，其中"免申即享"类资金79.29亿元。

1 **信息"精准推"、企业"易知晓"。**

通过大数据计算分析，第一时间将惠企政策和兑现指南自动推送到企业手中，企业无需通过多渠道搜集资料、多部门咨询政策、长时间走审批程序，大幅提升了市场主体政策兑现体验感。

2 申请"在线办"、企业"零跑路"。

只需上传电子资料，系统自动受理，办理结果在线反馈，实现了政策兑现"不来即享"。例如，过去企业申报"招用高校毕业生社保补贴"政策，需要自行查询政策，准备15份纸质材料，经过10个工作日审批。现在只需在线提交3份材料，5个工作日即可办结，材料压减80%，时间压减50%。

3 奖补"一键达"、企业"免申报"。

通过推行政策"免申即享"，符合条件的企业无需申请备案，即可"坐享"政策红利，实现了"零见面、零申报、零流程、零费用"政策兑现新模式。例如，在西安市产业发展引导专项资金项目兑现中，68家企业在没有申请的情况下，共收到1087万政策奖励。

创新启迪

西安市着力打造西部地区重要的经济中心、对外交往中心、丝路科创中心、内陆开放高地，坚持以重点改革创新引领营商环境建设水平系统提升。西安市研发建设的"西安政策通"平台，通过"大数据比对+后台智能筛选"的创新数字化手段，帮助企业精准定位到每一个可获得的政策优惠，并大大简化办理申报政策红利的流程，从"人找政策"转变为"政策找人"，为市场主体提供全方位、全流程、多维度的政策兑现服务。这一系列举措打通了政务服务的"最后一公里"，让企业"既知政策，又享政策"，强化了营商环境的"西安引力"。

兰州市

>>> 创新综述 <<<

兰州市认真贯彻落实党中央、国务院决策部署要求，把优化营商环境作为助推经济社会高质量发展的重要抓手，全面打造全国优化营商环境实践样本城市。2022年召开全市优化营商环境大会，出台《兰州市优化营商环境办法》，聚焦房地产、营商环境便利度、财税金融、项目审批、创业就业、包容普惠创新、项目建设、消费升级、法治环境重点领域推出优化营商环境1-9号若干措施，开展14项营商环境样本城市专项行动，建成**运行兰州市优化营商环境满意度平台（金城营商），积极开展58期"落实进行时"营商环境专题媒体问政节目**，升级完善"1+18"指标提升政策体系，持续推出改革措施523项，全力打通政策落地"最后一公里"。

2022年度，兰州市**积极破除区域壁垒，提升甘肃首善标准，打造"兰州服务"**。运行兰州市基层社会治理智慧平台（小兰帮办），实现202项便民服务应用"基层可办"。按照"四级46同"的标准梳理政务服务事项，实现6.09万个政务服务事项全市各级无差别、同标准办理；建成远程异地评标省际合作体系，与全国10个省会城市联合成立"黄河流域高质量发展公共资源交易跨区域合作联盟"。全面推动市场机制改革，提高服务效率，缔

LAN ZHOU

造"兰州速度"。打造"精简快"企业开办模式，最快 1 个工作日办结；实现营业执照、发票税控、印章"一袋拎取"，免费发放。创新**"交房即交证"不动产登记新模式**，推行不动产交易"分钟办"。创新**工程建设"并串结合"方式**，实行"一枚印章管验收"，所有工程建设项目审批流程时限压缩至 30 个工作日内，同比压减 49.96%，全面打造工程审批最快城市。**持续推进监管体制创新，强化执法监管，创建"清廉兰州"。** 上线**全省首个破产资金管理平台**，建立"快执通道"，执行案件平均在 20 天左右办结；持续推出"信用 + 监管"数据融合互通，综合监管次数同比增长 168.3%，企业行政处罚同比减少 61.6%。**不断优化涉企服务，提升品牌效应，创造"兰州精品"。** 升级"小兰帮办""兰税捷办""清兰交易"服务品牌，打造**"不来即享""四办四清单""五简五办五集成""小兰之家"** 等政务服务新模式，全面打通便企服务"最后一米"。

创新实践

聚焦"四化",兰州谱写"清兰"智慧交易新篇章

一、举措内容

兰州市深入贯彻落实党中央、国务院关于公共资源交易"应进必进、统一规范、公开透明、服务高效"的决策部署,大力实施**"智慧+交易"赋能工程**,建立数字化、便利化、协同化、规范化的交易平台,在招投标领域吹响清廉兰州建设"冲锋号",全面打造规范、透明、便捷、高效的**"清兰交易"**服务品牌。

二、创新亮点

1. 夯实数字基础,打造智慧交易新基地

(1)**交易路径数字化。**搭建**"不见面开标大厅"**,实现房建市政、水利交通等11种交易类型数据电文全覆盖,市场主体"一次都不跑"。

(2)**见证平台数字化。**研发建成**"金城E交易"**区块链平台,累计上链项目交易轨迹2958个,存证区块13.75万个,见证项目金额213亿元,实现交易全流程监督、数据可信共享、变动完整追溯。

（3）权益渠道数字化。 建立**招投标线上异议投诉、营商环境线索征集平台**，实现异议投诉线上提、答疑处理线上办，办理过程线上查，处理投诉时限由3个压缩至1个工作日，切实保障市场主体合法权益。

2. 聚焦便利服务，实现智慧交易新目标

（1）信息获取便利化。 完善公共资源服务系统公开功能，开通**网上交易直播厅**，实现11类、62分项、472小项交易详情全网公开，4.83万条交易数据在线查阅。

（2）企业交易便利化。 上线"金城标易信""金城标政通"手机端，实行CA信息全程网办、全市通办、全省共享，实现指上CA申办"零费用"。

（3）数据治理便利化。 建成集交易、服务、监管、见证、预警、评价等功能于一体的**大数据分析系统**，建立交易参与度、交易竞争度、市场集中度、市场开放度等79类数据分析指标，推动单一信息向跨部门、跨行业数据集转化，实现公共资源交易"一屏统览""一键通管"。

3. 深化协同合作，推动智慧交易新格局

（1）部门合作协同化。 建立招投标违法违规行为**联合查办工作机制**，实现行业监督、纪检监察、公安、审计部门对交易全过程的数据抓取和实时监测。

（2）政企合作协同化。 与 34 家金融机构合作，实现**保函申办 24 小时"秒出单"**，累计受理保函 3726 笔，释放保证金 3.69 亿元，压缩保函成本 90%。

（3）跨域合作协同化。 建成**远程异地评标省际合作体系**，与成都、西宁等 10 个省会和 4 个重要节点城市成立"**黄河流域高质量发展公共资源交易跨区域合作联盟**"，与重庆、长沙等全国 31 个公共资源交易平台签订跨域合作意向书。

4. 规范监管方式，构建智慧交易新机制

（1）智慧监管规范化。 建立**兰州市工程建设招投标行政监督平台**，整合住建、交通等行业监管功能，建立招投标监管大数据分析系统，实现交易过程信息全面记录、实时交互、动态监测，确保交易记录来源可溯、监督留痕、责任可究。

（2）综合监管规范化。 提前发布招标计划，全面推行招投标领域"双随机、一公开"监管模式，建立招投标监督部门与纪检监察、公安、检察等部门**综合监管机制**，实现招投标制度规则制定、代理机构监督管理、电子监督等全链条监管。

（3）信用监管规范化。 实行**交易活动投标人诚信承诺制**，采取"网购式"信用评价，分类服务和管理不同信用级别代理机构，实施"差别化"结果应用"积分化"分级管理。截止 2022 年年底，已签署 30767 家投标企业承诺书，归集 1950 条信用信息。

三 创新成效

交易便利程度显著提高 　全面推行招投标服务"不来即享","不见面交易"由 51% 提高到 100%,"线上办理""一网通办"由 30% 提升至 100%。

主体交易成本显著降低。 　提高投标保函替代率,提升保证金清退覆盖面,投标保证金账户流水从 2.61 亿元下降到 43.31 万元,为市场主体减轻各类开支 1.38 亿元。

市场开放程度显著提升。 　破除隐性壁垒,降低市场准入门槛,全年外地企业参与投标 20130 次,市外企业参与率增幅 7.2%。

市场主体满意度显著提高。 　提前 30 天发布招标计划,推动电子交易向标前标后延伸,权利救济通道全链条开放,市场主体满意度由 70% 提升至 95%。

创新启迪

为建设成为在西部地区具有综合竞争力和重要影响力的现代化中心城市,兰州把优化营商环境作为助推经济社会高质量发展的重要抓手,打造"兰州服务"品牌。兰州大力实施的"智慧+交易"赋能工程,在推动招投标全流程数字化的基础上,实现信息交流和智慧交易的便利化,部门、政企以及跨区域合作的协同化,以及各类监管的规范化,全面打造了规范、透明、便捷、高效的"清兰交易"服务品牌。这一举措显著降低了市场主体交易成本、保障了市场公平竞争的严肃性和开放度,提供了智慧监管的"兰州样本"。

西宁市

>>> 创新综述 <<<

2022年，西宁市坚持对标对表先进，推动重点领域改革，加快完善政策制度体系，聚力打造与高质量发展相适应的一流营商环境。经过接续努力和改革实践，全市营商环境指标便利度大幅提升，成为营商环境提升最快的城市之一，获得电力、登记财产等领域已步入全国"第一方阵"，进一步激发市场主体内生动力。

高位推动，全力营造亲商重商发展环境。 制定创建"双满意"品牌打造一流营商环境行动方案，形成3.0版政策体系，着力破解关键难点问题。建立产业链"链长制"和重点项目重点企业包保制，创新举办"企业家茶座"，中复神鹰、高景等一批知名企业相继落地。**持续优化，全力营造高效便民政务环境。** 全面推行"前台统一受理、后台分类审批、统一窗口出件"的综窗模式，推出网预车车辆运输证、二手房交易等230余项"一件事一次办"特色服务。在市民中心设立服务各市州办事区域，为全省群众提供综合性"一站式"服务。拓展与西安市、南宁市、成都市金堂县等市县之间的合作，与28个地区实现94项政务服务"跨省通办"。94项事项实现"全城通办"。推行"中午不断档、周末不打烊"不间断服务。创建"西宁评议"公共服务评议平台，开展

XI NING

"十佳""十差"单位评议，群众满意率达 99.76%。开展**营商环境改革创新"十佳"典型案例评选活动，强化正面引领**，放大示范带动效应，以评促改，以评促优。对标一流，全力营造规范有序市场环境。积极推行"3130"模式，企业开办时间压缩至 1 个工作日内，登记财产平均办理时间已压缩至 3.5 个工作日，企业获得用电、用气、用水时限分别压缩至 32、10、8 个工作日内，企业获得信贷时间压缩至 13 个工作日内。成立 10 个作风巡查组，连续 2 年聚焦营商环境开展专项整治，严查整治惠企政策落实、行政执法等突出问题共 513 个。**严宽相济，全力营造公平正义法治环境**。探索实行"**互联网+监管**"模式，推动市场监管数据归集应用和多部门共享。推进信用监管，实现 73 家成员单位互联互通、交换共享。设立 11 个营商环境监测点，创建营商环境监督联系平台，发放 2 万张营商环境监督联系卡，以"**一卡一码一平台"监督系统**，打造营商环境监督"直通车"。

创新实践

深化"放管服"改革，当好服务企业"店小二"

一　举措内容

为进一步转变工作作风，增强服务意识，充分发挥市级领导干部抓服务、抓协调、抓落实的关键作用，增强各级各部门靠前服务、助企纾困工作的主动性、能动性和创造性，助力企业高质量发展，2021年市委市政府出台了**《全市市级领导干部包保重点企业责任方案》**。按照"四个一"的包保模式（一个市级领导包保、一个工作专班跟进、协调解决一批问题、推动企业发展上一个台阶），由市级领导干部对全市经济发展具有支撑引领作用的产业龙头企业进行包保，帮助解决企业急难盼愁问题，坚持"有事随到、无事不扰"的原则，建立**常态化沟通对接机制**，为建立亲清政商关系和推动优化营商环境迈出坚实的一步。

二　创新亮点

1

领导总牵，合力统筹推进。

紧盯保产业链供应链稳定关键环节，坚持问题导向、属地管理、行业监管，建立市级领导干部牵头包保、市级行业管理部门和属地政府（管委会）**主动包保机制**，不断加强与行业重点支撑企业的对接联系，点对点解决问题，充分发挥市级领导牵总协调作用。

2

建立沟通机制，常态跟踪推进。

畅通市级领导、责任部门与包保重点企业工作通道，成立由发改、工信、金融、人社等职能部门组成的**工作专班**，制定**工作跟踪台账，按月跟踪进度**。积极采取对接各大银行帮助企业解决融资、申请专项资金解决企业流动资金和项目资金、制定校企联动和稳岗政策解决企业用工、简化办事流程和优化审批程序加快项目落地等有效措施，推动了企业持续健康发展。

3

精准施策，全力解决问题。

包保工作开展以来，市级领导干部坚持"一企一策""一事一议"，亲自跑、亲自抓，按照"有事随到、无事不扰"原则，采取座谈交流、现场办公等方式实地调研重点企业深入调研企业，通过面对面了解问题，点对点解决问题。

三 创新成效

1. 自实施领导包保制以来，共有26位市级领导包保42家重点企业提出的融资困难、流动资金紧张、用工短缺、优化要素保障等140个问题，其中解决问题129个。

2. 重点为青海弗迪电池有限公司、青海诺德新材料有限公司通过加开公交线路、增加运营车辆，解决员工交通出行问题。

3. 为青海凯金新能源材料有限公司、黄河鑫业有限公司等企业利用现场招聘会、网络平台、校企合作、以工招工等多种渠道解决企业用工问题，累计帮助企业招工1.9万余人。

4. 为青海中利光纤技术有限公司、西宁鑫兴源食品有限公司、青海新丁香粮油、招商物产等企业通过对接协调银行发放贷款、续贷、延期还款等方式解决企业融资53亿元。

5. 为青海诺德新材料、亚洲硅业等企业通过申报各类专项资金、落实奖补资金等方式解决流动资金9千余万元。

6. 为中复神鹰碳纤维西宁分公司主动服务，解决项目环保总量、排污权审批手续问题。

⑦ 为青海高景太阳能科技有限公司协调就近学校，解决职工子女来宁就学问题。

⑧ 2022年1-9月，包保企业工业总产值合计756.6亿元，占全市规模以上工业总产值的51.7%，对全市贡献率达70.0%。

创新启迪

西宁是我国西北地区重要的中心城市，发展潜力大，建立亲企爱企是助推经济社会高质量发展的关键一招。西宁推进"四个一"的包保模式，通过建立常态化跨部门沟通机制，积极对接金融资源、科研资源、用工资源等，确保每家重点企业都由一个市级领导包保、一个工作专班跟进，并协调解决一批问题、努力推动企业发展上一个台阶。模式中的"一企一策""一事一议"等机制，高效精准地解决了企业急难愁盼的问题，实现"有事随到、无事不扰"，将有力提升对更多优质市场主体的吸引力。

银川市

>>> 创新综述 <<<

营商环境就是生产力，优化营商环境就是解放生产力。银川坚持以习近平新时代中国特色社会主义思想为指导，认真学习贯彻习近平总书记对打造市场化、法治化、国际化一流营商环境重要指示，全面落实国务院决策部署和《优化营商环境条例》，把优化营商环境作为推动高质量发展的关键核心。

近年来，银川市始终把深化"放管服"改革优化营商环境作为激发市场活力、提升投资吸引力、激发社会创造力、增强经济转型内生动力的重大工程，强化顶层设计、坚持高位推动，全力塑造政策更优、成本更低、审批更简、办事更快、服务更好的**"五好"营商环境品牌**，充分释放"放管服"改革红利。成立了以市政府主要负责同志为指挥长的银川市优化营商环境指挥部；建立**市领导包抓工作机制**，定期梳理查找、汇总问题、协调解决。设立**营商环境服务中心**，遴选一批学历高、素质好、能力强、业务精的骨干力量，组建了涉及6个县区、55个成员部门（单位）共300余人的改革队伍，推进各项改革任务落实。探索出"一个目标、一套机构、一块品牌、一支队伍、一个阵地、一

YIN CHUAN

套机制、一部热线"的**"七个一"工作法**,建立起联席会商、培训学习、督查督办、评价评测等 8 项长效工作机制。印发《**银川市优化营商环境实施细则**》,成为国家《优化营商环境条例》实施以来,首个从制度层面制定出台地方性操作规程的地级省会城市。聚焦企业关心关切,制定印发涉企执法检查登记备案、企业评价政府部门服务优劣、营商环境投诉举报"直通车"等服务企业**"五项制度"**。从产业发展适配性、企业全生命周期需求、痛点难点破解入手,连续三年压茬出台了 853 项优化营商环境具体改革举措,全力塑造"五好"营商环境品牌,形成的"一枚印章管审批""1230"改革、不动产"信易登""四个一办电新模式""五个一"极简审批服务模式享誉全国,连续两年入选全国营商环境标杆示范城市,政务服务、开办企业、执行合同、获得电力等 12 项指标位列全国标杆。

创新实践

兴庆区以政务品牌建设为抓手，全面推进审批服务提质增效

一　举措内容

宁夏银川市兴庆区审批服务管理局坚持以人民为中心的理念，以打造"兴速办·好办事"政务服务品牌为抓手，全力打造兴庆区"宽进、快办、智能、便民、公开"的审批服务新模式。

二　创新亮点

1

事项清单明晰化。

发布"兴速办·好办事"事项办理清单，梳理出高频政务服务事项清单52项、"零材料"事项清单68项、"一照（证）通办"事项清单48项，制作简明易懂实用的《服务事项指南》，明晰事项内容、办理流程、办理时限、所需资料，让所办事项"一看就能懂、就会办"。

聚焦快办事、好办事、办成事，大力开展政务服务提速增效、提档升级行动，实施即来即办、秒批秒办、即办即走审批服务以高效便捷的服务，让办事群众舒心、顺心、省心。

2

服务手段精准化。

围绕服务理念再造，做到企业群众有"求"我必有"应"，企业群众有"愁"我必解"忧"。

在政务大厅设立"有求必应"专区和"办不成事"反映处，为特殊人群开通绿色通道，组建专门服务团队，全面推行领导服务协调办、高频事项极简办、主动服务帮代办、疑难问题兜底办，努力为企业群众提供全方位的特色服务。

3

办事流程顺畅化。

从便利企业和群众办事角度出发，开启"集成化、链条式"办理，提供主题式、套餐式服务，按照"一次告知、一表申请、一套材料、一窗受理、一网办理"要求，再造流程，同步推进、同步实施"一事全办""一件事一次办"与"一业一证"。

对于涉及两个及两个以上部门的关联事项按链条进行梳理整合，合并办理环节、减少申请材料、缩短办理时间，办事群众由"跑多门、找多头"变为"跑一次、找一窗"，实现办事不求人、便捷又高效、结果可预期。

4 帮办代办贴心化。

建立健全帮办代办制度，在政务服务大厅成立党员帮办代办巡视队为企业和群众提供"一对一"贴心帮办服务。负责向企业群众主动提供前期咨询指导服务，为企业群众办事"准备什么""怎么办"提供有效指引，做好政务服务"最多跑一次"的兜底服务，践行"我为群众办实事"承诺。

通过预约、延时等办法，为企业和群众办事提供错时、延时服务，重点项目有针对性提供个性化定制服务。

5 扫码即办极简化。

以二维码技术为载体，编制"扫码速办"服务指南和一次性告知清单，通过手机扫描二维码就能获得该事项办理流程和申请事项的实施依据、受理条件、申报所需材料、办理时限、收费标准、咨询电话和监督电话等信息，让所办事项清晰明了，扫"码"即办。

编制办事指南小视频，通过扫码可视指导，直观清晰指导办事群众在线办理事项，方便群众办事，进一步提升"指尖办""掌上办"服务水平。

6

一站办理便民化。

围绕企业和群众办事"一门服务、一窗受理、一网通办、一次办好"需求，全面推进政务服务事项集成化办理，不断提升政务大厅"一站式"服务功能。

设置综合咨询窗口，统一提供咨询、引导等服务。对前来办事的群众，由咨询人员按所办事项进行精准识别，对符合"简事快办"事项直接，确保所办事项当场办理、及时办结。

大厅设置引导至"速办窗口"，为老年人、残疾人等帮办代办窗口，对复杂事项实行"全程帮办"特殊群体提供代办服务。

在"资料预审"基础上，合理分配资源，无需叫号等待，减少群众在大厅等候的时间，快办、易办已成为工作常态。

创新启迪

银川着力建设高质量发展先行区示范市，把优化营商环境作为推动高质量发展的关键核心，全力塑造政策更优、成本更低、审批更简、办事更快、服务更好的"五好"营商环境品牌。银川市兴庆区树立的"兴速办·好办事"政务服务品牌，通过发布事项办理清单、精准化服务手段、畅通办事流程、优化"帮代办"、简化"扫码办"、推动"一站办"等手段，打造"宽进、快办、智能、便民、公开"的审批服务新模式。举措满足了企业和群众的实际需求、理顺了办事流程、整合了行政资源、明确了办理标准、优化了政务服务，让"快办事、好办事、办成事"理念深入人心。

乌鲁木齐市

>>> 创新综述 <<<

乌鲁木齐市贯彻落实党中央国务院和自治区党委及政府关于优化营商环境的决策部署，围绕贯彻落实《优化营商环境条例》推动营商环境优化提升，有力促进全市经济高质量发展和社会大局持续和谐稳定。

2021年度，乌鲁木齐市营商环境创新举措主要集中在以下方面：落实报关单位全面实施**备案管理**、**"多证合一"**及**"证照分离"业务改革**。引导申请人线上登录"单一窗口"或"互联网+海关"提交备案申请，降低企业成本，实现让"企业少跑路，数据多跑路"；地窝堡机场海关与口岸多部门建立健全**通关时效会商沟通机制**，压缩通关时间、畅通物流、节约企业运营成本，从加速通关、优化监管、精简审批、提升服务等4个方面为提高货物通关效率提供有力支持；主动开展**辖区出口食品生产企业调研**，梳理对英国、乌兹别克斯坦等国推荐注册企业名单，指导企业关注出口相关业务流程和要求的变化，做好相应准备工作；将国家和地方重点扶持企业、与"一带一路"沿线国家有贸易往来企业、特殊监管区域企业、"中欧班列"沿线贸易企业、产业链供应链龙头

WU LU MU QI

企业纳入培育对象，立足**支持地方经济特色企业发展**；对辖区部分重点鼓励项目企业开展实地摸底调研，了解相关单位在享惠受惠方面遇到的实际困难，全方位"一对一"提供政策解答和跟进，解决企业业务疑难；乌鲁木齐银行与自治区税务局不断加深"银税互动"领域的业务合作，依托互联网、大数据等信息技术应用，推出线上无抵押、无担保的信用贷款产品**"雪莲·好税贷"**。

创新实践

通关时效会商沟通机制

一、举措内容

乌鲁木齐地窝堡机场海关在赴企业实地调研中发现，国外航司货运包机存在驻场时间短、航行时刻不确定，进出口收发货企业与代理报关企业、仓储企业相关物流存在信息传输滞后，货运企业对海关通关改革相关措施、国家各类新政掌握不全面不及时等瓶颈问题。该关立即组织成立工作小组，以压缩通关时间、畅通物流、节约企业运营成本为目标，一年以来与相关企业定期进行座谈会商十余次，从加速通关、优化监管、精简审批、提升服务等4个方面为提高货物通关效率提供了有力支持。

二、创新亮点

1　加速通关，"互联网＋预约通关"

乌鲁木齐地窝堡机场海关推行"互联网＋预约通关"，驻库监管等模式，方便企业在海关正常办公时间以外办理通关手续，根据航班计划安排关员到机坪监装监卸，全方位节约货物装运时间；积极推动"单一窗口"将大通关流程由串联改为并联，解决企业多头申报和重复申报的问题，实现一点接入、一次提交、一次查验、一键跟踪、一键办理，有效降低了通关成本、缩短了通关时间，切实让企业少跑路。

2　优化监管，"提前申报、快速分流"

积极推进进出口货物"提前申报、快速分流"通关模式，提前申报的出口货物在运抵航空货站时，向货站发送放行或查验指令。无需查验的货物直接送往停机坪装载上机，需要查验的则送往海关查验区接受查验，打造"通道式"海关监管模式，减少货物在货站内的二次搬运。较大程度提高了货站内的空间利用效率。积极推进"两步申报""两段准入""汇总征税"等业务改革，切实减少口岸通关环节作业和资金周转压力，全力支持全货包机与客改货业务航班开通。

3　精简审批

持续精简进出口环节海关需验核的监管证件；进一步提高业务审批效率，实现"简单业务即时办结"、"复杂业务限时办结"；认真落实"证照分离"改革，优化口岸营商环境。

4　提升服务

与口岸国际货站管理方、进出口货物收发货人、代理报关企业等相关单位，就空运货物仓储、规范货物件重、出口货物各作业环节衔接，加强协调统筹，货物舱单信息向海关传输后即申报、出口货物运抵监管场所后即放行装机。指导机场货站分类规范堆放货物，优化监管场所布局避免货物积压，全力保证口岸通道畅通。开展属地纳税人管理，针对辖区重点纳税的航空企业，就民用航空维修税收优惠措施开展点对点宣传，让辖区企业享受海关政策红利。

三　创新成效

1　通关效率提升

截至 2021 年 11 月，乌鲁木齐地窝堡国际机场口岸出口货物平均整体通关时间从 2020 年的 3.51 小时压缩至 1.73 小时，成为全疆空港口岸中通关速度最快的口岸，更创下了口岸自有通关时间统计以来最短时效记录。对外贸易货运量实现 1.56 万吨，同比增长 100.7%。为各航空企业民用航空器材办理减免税 1200 万元。

2 通关货物量增加

乌鲁木齐地窝堡机场海关充分利用好政务公开渠道，为企业提供 24 小时业务咨询指导，大力拓展政策解读范围，先后在中国海关杂志、12360 海关热线、乌鲁木齐海关发布等媒体和微信平台上先后发布 10 余条政策解读文章。经过长期不懈努力，企业自主选择在乌鲁木齐空港口岸申报的货物逐渐增多，中国优质商品顺利出口至中亚、欧洲、非洲以及东南亚等地，仅乌鲁木齐至阿拉木图的单条精品货运航线，月货运峰值就达 300 余吨。

案例启迪

作为丝绸之路经济带核心区以及我国面向中亚、西亚地区的国际商贸中心，乌鲁木齐市以恢复航空物流运力、促进外贸稳增长为核心关切，在压缩通关时效这一难点问题上精准发力，通过建立健全机场与政府职能部门定期会商沟通机制，优化监管模式；通过运用科技手段加强口岸数据联通，提升出口通关效率；通过通关业务流程精简再造，降低企业贸易成本。一系列举措，在助力全球供应链"接、保、稳"方面充分发挥了海关职能优势，主动帮助外贸企业融入新发展格局，服务"一带一路"建设，助力构建全面开放新格局中"货畅其流"的良好局面。

三

县域营商环境创新——总论

2022 县域营商环境亮点综述

党的二十大报告提出，营造市场化、法治化、国际化一流营商环境。近年来，党中央、国务院高度重视优化营商环境，相关制度体系持续完善，市场准入不断扩大，公平监管加速推进，政务服务进一步优化。当前，各县域以习近平新时代中国特色社会主义思想为指引，深入学习贯彻党二十大精神，聚焦县域经济高质量发展主题，围绕群众办事的难点、企业发展的痛点、社会各界反映的重点，持续创新优化营商环境措施，在普惠金融、企业服务、项目管理等多个方面取得了新的工作成效，比如：

晋江市启动国家盘活利用低效用地试点，获批国家进口贸易促进创新示范区；创新"电 e 贷"等金融产品，入选全国首批中央财政支持普惠金融发展示范区；高效运行国家级知识产权快速维权中心，入选国家首批知识产权纠纷快速处理试点地区。

桐乡市建设全国首个"未来智能法庭"，实现咨询、立案、审判、解纷等全链条智治，全面提升司法公正力度、执法速度和服务温度，为法官、当事人和社会公众构建数字司法服务优质生态圈。

长沙县成立全国首个县级 RCEP 企业服务中心，为中小微外贸企业在搭建出海线上全网营销渠道、提供出口信用保险服务，以及解决"走出去"过程中风险大、保障低、维权难的问题等方面提供精准服务。

钟祥市建成全国首个"莫愁招落服"项目管理平台，实现全项目覆盖、全生命周期、全天候帮办代办服务和项目业主证照办理"零跑腿"、中介服务"零付费"目标。

石狮市全国首创创新设立政府汇率避险"公共保证金池"模式，为外贸企业提供"免保证金"远期结售汇服务，并通过创新虚拟账户或过渡账户关联的方式，解决银行外汇保证金账户开设实名认证及第三方不得代买代缴的"卡脖子"问题。

太仓市全国首创"三线平行"审批，全流程 35 个事项不见面智能办理；发放全国首笔数字人民币普惠贷款，全国首创 7 项数字人民币应用场景；在全国率先推出人才考察补贴微信申领等创新举措，成立总规模 7 亿元的东吴科创人才基金等 4 只基金。

2022 县域营商环境创新趋势与建议

一 创新趋势

2022 年 10 月 31 日，国务院办公厅印发《国务院办公厅关于复制推广营商环境创新试点改革举措的通知》，为各地市场主体减负担、破堵点、解难题提供了可借鉴的试点经验，也为县域优化营商环境指明了正确方向。目前，中国县域营商环境创新正呈现出"大、加、整、长"的总体趋势，具体如下：

数字化应用从"小"向"大"转变。 信息化时代，群众工作要积极"触网"，让"数据多跑路，群众少跑腿"。积极打破数据壁垒，持续扩大数字化技术在县域的应用范围，实现业务数据链上共享、"一数复用"。全面推进 5G+ 政务服务大厅、24 小时自助服务区全覆盖，扩大小程序、APP 等自助办事应用的业务和区域覆盖，努力实现智能化政务服务全天候"不打烊"。

政务服务从"减"向"加"转变。 县域营商环境在减材料、减跑动、减时间、减成本等方面已经取得良好成效。县域在做"减法"的同时，也要做好服务的"加法"，紧紧围绕企业全生命周期的难点问题，依托县域地方比较优势和特色产业集群，在信用信息服务、融资服务、融合监管服务等方面主动作为，持续为企业营造良好的发展条件。

要素资源从"单"向"整"转变。 推进优势要素资源与其他资源整合，既是构建现代经济体系的内在要求，也是推动县域经济高质量发展的新动能。县域需要在要素投入及创造、要素创新组合、数字化赋能、产业生态融合等方面实现创新突破，更好发挥升级要素与既有生产要素的组合和聚集对经济的驱动作用。

服务机制从"短"向"长"转变。 将主动下沉企业问题征询变为常态化，打破部门壁垒，提升跨部门协作效率，通过设立政企联络服务专线、开设线上服务专网、建立为企服务专码，保持政企联络的热度和深度，不断完善和健全制度体系，推动形成常态化服务机制，提升治理效能。

二　创新建议

为全面贯彻落实党的二十大精神，各县域正积极按照党中央、国务院有关工作要求，不断优化营商环境。建议各县域在优化营商环境的过程中，坚持以问题为导向，聚焦市场主体关切，勇于创新、敢于创新、善于创新，打造市场化、法治化、国际化的营商环境。

推进"数字+"赋能，提升数字经济竞争力。 针对县域产业数字化有待提升，建议县域深入推进数字化、网络化、智能化应用的广度和深度。将县域自身实际与"数字+"赋能相结合，推动县域产业全方位、全链条化转型发展，突破转型瓶颈，实现数字技术与传统产业的深度融合，助力产业链生态信息汇集和生产调度，提升县域数字经济新业态新模式的竞争力。

提升公共服务能级，增强公共服务均衡性。 针对县域公共服务供给水平差异，建议县域推动公共服务均衡发展，促进基本公共服务全覆盖，提高公共服务共享水平，推动公共服务优质发展，强化各部门之间资源和信息整合，提高部门、区域协同合作能力，推动公共服务创新发展，提升公共服务的供给效率和专业化水平。

推动要素升级，激活发展新动力。 针对县域亟待提高要素资源配置效率，建议县域推进技术、能源、创新等要素提档升级，形成独特的、具有县域特色的数据要素，进而可将数据要素与县域土地、资本、劳动力等传统生产要素进行交互、联动、融合，激发出新的数字要素竞争力，增强各类要素及要素组合在宏观经济发展中的边际收益递增效应。

建立长效服务机制，打造一流营商环境。 打造一流营商环境需要长期坚持有效的优化措施，建议继续建立和完善常态化机制化服务体系，聚焦市场主体关切，强化服务能力，创新服务手段，对可以满足人民群众和企业新时期的期盼和需求的做法要长期坚持，形成长效服务机制，为有效打造县域一流营商环境提供助力。

四

县域创新实践

张家港市 ZHANG JIA GANG

>>> 创新综述 <<<

张家港深入贯彻落实国家、省相关决策部署，聚焦企业关切，强化"用户思维"，突出"客户体验"，全面打响"港城通·最舒心"营商服务品牌，努力打造全国一流营商环境的"县域样板"。

2022年度，张家港市创新举措主要集中在以下方面：

1. 在江苏省率先推行产业扶持政策"积分制"管理，系统梳理11个职能部门的50余份产业扶持政策文件，高度集成为六大类136条政策条款，实行"积分制"管理，推行免申即享，政府集中兑付，加快产业"调高、调轻、调优"步伐；

2. 全面推广企业开办全程网上办理，实现企业开办线上"全链通"和线下"一窗式"融合发展，企业开办水平创新高；

3. 主动承接江苏省"长三角电子证照应用"试点，18个场景21个政务服务事项可调用电子证照实现长三角通办，增强区域数据共享联动办理效能；

4. 扎实推进重大项目服务一件事改革、市政报装"三零"服务、小型低风险告知承诺办理等改革新举措，努力实现工程项目报建"拿地即开工、交地即发证、验收即交付"；

5. 完成苏州首笔"带抵押过户"创新试点业务，在江苏省率先常态化开展"还款即解押"特色服务，有效减轻存量房买卖时垫资过桥的负担；

6. 推进落实"提前申报、两步申报、两段准入"，持续压缩整体通关时间；

7. 推动"联动接卸、视同一港"模式尽快落地，在关区先行先试"离港确认"模式，帮助出口企业调整优选"陆改水"；

8. 试点"零跑动"项目，实现 195 个办税事项足不出户，线上申请办理，进一步提升纳税便捷度；

9. 探索出台企业用能、用水、排污权"1+3"政策体系，即 1 个实施方案，3 个分类指导意见，建立资源"集中池"，推动绿色低碳发展；

10. 深入实施产业用地更新、"三优三保"等行动，探索推进产业用地二级市场转让，统筹村级经济载体建设规划，加快推动低效产业用地集中连片盘活；

11. 以"投早、投小、投初创"为导向，发挥人才一号母基金、"沙洲科创 C 计划"基金引领带动作用，推动重点领域金融供给增量提质；

12. 创新开通"3+3"贯通提速机制，通过"异地贯通、产业转移、资本直通"三条渠道、"人才举荐、区镇推荐、企业认定"三项机制，为优秀人才的迅速落地让出"快车道；

13. 探索开展柔性监管、触发式监管，严格落实"首违不罚""免罚轻罚"等制度，努力为各类市场主体留足发展空间；

14. 纵深推进企业合规改革试点，依法妥善办理涉企案件 172 件，对 45 名犯罪情节较轻、认罪认罚的人员作出不起诉决定。

张家港持续营造自由竞争的市场环境，便捷高效的政务环境，开放包容的人文环境，公正透明的法治环境，不断提升营商环境市场化、法治化、国际化。

晋江市 JIN JIANG

>>> 创新综述 <<<

晋江市深入贯彻落实"深学争优、敢为争先、实干争效"行动部署，紧盯"打造全国营商环境最优县市"目标，将深入推进营商环境优化升级作为"一号改革工程"，传承弘扬"晋江经验"，加快构建"一三一三七"发展格局，以深度推进"产、城、人"融合为重点，坚持以制度创新为核心，以信息化建设为支撑，聚焦市场有效、政府有为、企业有利、群众有感，当好"三种角色"、落实"四到"服务理念，推出"晋心晋力"营商服务品牌，构建"1610"品牌成长工程，营造市场化、法治化、国际化一流营商环境。

1 2022年度，晋江市深入开展"提高效率、提升效能、提增效益"优化营商环境攻坚行动，围绕18个指标，设立7个专项小组24个工作专班，建立6大攻坚机制推动172项提升任务落地见效。统筹推进22项国家级、省级改革试点和78个集成改革项目，启动国家盘活利用低效用地试点，获批国家进口贸易促进创新示范区。成功承办福建省弘扬"晋江经验"促进民营经济高质量发展大会，持续释放发展活力，市场主体突破28万户。

2 纵深推进审批制度改革，优化开办企业"一网通办"平台，开展"一照多址"改革，创新推行市场准入"智慧办"；落地"一业一证"改革试点，推动市场主体准营更便利，拓展"电子证照"应用，打造全省首个县域"无实体证照"办事大厅，持续拓展"跨省通办"、异地代收代办服务范围,"一件事"集成套餐基本覆盖高频领域,"一趟不用跑"事项占比 90.47%,网上可办率 99.21%,全程网办率 85.07%。

3 ▶ 持续优化工程建设审批,构建园区标准化建设"1+N"政策体系,推行建设用地全流程监管和亩均效益评价;创新长期租赁、先租后让、弹性容积率等做法,出台不动产历史遗留问题处置办法,创新项目登记"秒审秒批"、"多评合一模拟审批"、"桩基先行"等举措助力工业项目"五证同发",实现"交地即交证""拿地即开工"。

4 ▶ 精准帮扶推动开放发展,开展"千名干部进千企、一企一策促发展"活动,落实组合式税费政策,深化五种银企担合作模式,创新"电 e 贷"、"技改贷"等金融产品,入选全国首批中央财政支持普惠金融发展示范区;推动人才体制机制改革试点,深化龙头企业培优扶强工程,办好领航混沌创新班;启动数字经济三年行动,通过首批国家创新型(县)市验收,获评全国工业互联网推动数字化创新领先县(市);启动跨境电商全球开店综合服务平台,陆地港片区纳入商贸服务型国家物流枢纽。

5 ▶ 强化法治保障多元推进,高效运行国家级知识产权快速维权中心,获评首批国家知识产权强县建设示范县,入选国家首批知识产权纠纷快速处理试点地区;深入推进"四张清单"、包容审慎监管制度、综合执法改革试点落实,创新法商"三联"诉调对接、"执行 + 慈善"司法救助等工作机制;构建民企合规建设服务"晋江样本",成立全国首家企业合规事务所。

常熟市 CHANG SHU

>>> 创新综述 <<<

常熟市坚持以市场化法治化国际化为导向，以创新为抓手、以效率为目标，着力打造同样条件成本最低、同样成本服务最好、同样服务市场机会最多、市场主体和社会公众满意的一流营商环境，2022年度出台《优化营商环境工作要点》，通过首批国家创新型县（市）验收，获评企业家幸福感最强市。

1 秉持公平开放，优化市场环境

在全省率先开展"市场采购贸易省内联动发展"，开拓市场采购出口新通道，构建正负面商品清单、商品备案审核"红绿黄"通道等机制，针对1000美元以下的出口商品，简化备案和现场检验检疫，在竹木草等不涉及安卫健环的商品中成功试点小额小批量快速通关。推出智能制造精准诊断服务项目，在设备改造、软件应用、精益管理、工厂规划等领域对企业开展诊断分析，设立"虞城智造贷"贷款资金池，提供精准金融服务保障。推进义务教育优质均衡，优化积分入学管理政策，确保义务教育学位主要由公办学校和政府购买学位方式提供，为符合条件的每位在常务工人员子女提供优质教育资源。

2

狠抓高效便利，提升政务服务

全力推动项目开工建设，为 2022 年省重大项目捷胜科技提供全省首个"开门接电"服务，压减电力接入时间 120 天；全省首创"预先审+容缺办+承诺制"项目审批模式，2023 年省重大项目东威生产基地一天联发八证，实现"拿地即开工"。全省率先对既有建筑改造相关备案事项实行告知承诺制，推进厂房仓储类项目关键资料先审即通过。首创生态型涉河建设项目备案制，推出"立项"+"水保"套餐式服务，将"洪水影响评价""涉河建设方案"两项审批合并办理，节省办理时间 35 个工作日。推进"一件事一次办"，打包提供审批服务，推出民宿开办、用工参保登记等 93 个"一件事"，累计办件量超 33 万件，列苏州第一，平均提交材料减少 34.9%，办理时间压缩 69%。

3

致力公平有序，深化法治保障

加速信用修复审核流程，全省首创省级严重违法失信名单事项修复绿色服务站及信用修复跨平台"一站式服务"，出台《关于对市场主体行政处罚信息信用修复联动处置的合作备忘录》，集中整合涉企信息公示平台内行政处罚负面信息，实现信用修复线上申请、只跑一次。建立苏州首个知识产权司法保护联盟，更高效率打击侵害企业合法权益犯罪、帮助追赃挽损，1 件案件入选全国检察机关依法办理民营企业职务侵占典型案例，办理 1 件侵犯高新技术企业商业秘密案，提炼侵犯定制产品商业秘密犯罪数额认定规则，先后入选全省法律服务保障民营经济高质量发展典型案例、全省检察院参考性案例。

长沙县 CHANG SHA

>>> 创新综述 <<<

2022年，长沙县坚持对标最优、系统推进、创新示范原则，制定出台了《长沙县营商环境4.0版本实施方案》《长沙县"营商环境提升年"行动方案》，积极探索推进政务服务、要素保障、智慧监管、法治保障、创新宜居、亲清政商六个领域50个重点任务，132项改革举措，着力营造省市第一、国内领先、国际一流营商环境水平，实现审批更快、成本更低、服务更优、效率更高、获得感更强的长沙县营商环境4.0版目标。

政务服务领域，建立县、镇（街道）、村（社区）三级联动的帮代办服务体系，将22个部门的297项重点民生领域事项全部下放基层办理；在前期150项权限的基础上，再将18项县级经济社会管理权限赋予园区，实现商事登记、税务登记等事项"园区事园区办"；打造智慧APP"在星沙"，接入政务和公共服务事项811项。

要素保障领域，推行用电报装极简"一日业扩"，用水报装时限压缩至4个工作日，用气报装实现"零资料""零跑腿""零审批""零费用"服务；率先全省实施"金融顾问"制度，走访对接企业1000家，搭建"金融超市"平台，达成初步授信意向411.02亿元；开展用工引才行动，线下"社区就业服务超市"与线上智慧"星就业"平台齐共振。

法治保障领域，巩固提升"24·30"全天候执法圈，大力践行"一线工作法"，受理投诉举报 6 万余件，办结率达 100%；构建"互联网+诉前调解"多元解纷大格局，案件调解成功 3500 余件；推进柔性执法，办理"首违免罚"案件 100 余起；建成覆盖前置审查、商标注册等全链条的知识产权保护体系，累计处理知识产权纠纷诉前调解案件 58 件。

创新宜居领域，发布县区"1+1+N"人才政策体系，研究制定 19 个配套设施办法，构建"政务服务+创业服务+生活服务"全环节服务链；续建和新改扩建学校 21 所，新增义务教育阶段 8880 个、学前教育公办学位 4590 个；县人民医院全面封顶，经开医院正式投用，10 家综合性养老服务中心完成转型升级，"15 分钟养老生活圈"加速形成，宜居星沙的幸福生活品质全面提升。

亲清政商领域，全县办理增值税留抵退税、减税降费和缓缴税费超 60 亿元，安排近 5 亿元奖补资金支持先进制造业、现代服务业、临空产业发展；通过"营商环境直通车""企业家座谈会"等活动收集企业问题建议 706 个，办结 682 个，办结率 96.6%。深入开展"送政策、解难题、优服务""三带三抓两促进"等纾困增效行动，共收集企业问题建议 1712 个，解决 1635 个，办结率 95.5%，暖企效果显著。

截至 2022 年 11 月底，县区市场主体总量突破 19 万户，企业 6.8 万户，市场主体增长率 15.85%，居全市首位，县区新增"四上"企业 114 家，净增规工企业 42 家，实现市场主体量质双升。

浏阳市 LIU YANG

创新综述

今年来，浏阳市认真贯彻落实中央、省市关于优化营商环境决策部署，始终把优化营商环境作为"头号工程"。成立了市委书记、市长任"双组长"的工作领导小组，建立了"指标长"工作机制，在全省县市率先成立了市政府直属单位"浏阳市优化营商环境协调事务中心"，出台了"优化营商环境十大举措""打造营商环境升级版2022年行动方案"等6个指导性文件，推出了300余项改革举措。

2022年度，浏阳市营商环境创新举措主要集中在以下几个方面：

1 政务服务高效便捷

打造"一件事一次办"升级版，率先试点湘赣边区域"跨省通办"和园区相对集中行政许可权改革，上线"无证明城市"专区，大力推行"极简办、集成办、全域办"，788项"免证、减证办"，350个政务审批事项"秒批秒办"，1210个事项全程网办。截止目前，已实现"一件事一次办"事项363项，累计办件量744.8万余件。

2 投资审批提质加速

首创工程建设项目审批"并联预审、即时办理"，率先试点分阶段办理施工许可、"领证即开业、拿地即开工、交房即交证""标准地＋承诺制"；工业投资项目审批时限压缩到19个工作日，压减36.3%。博大科工、富丽真金等多个项目1天即拿到施工许可证；惠科光电项目，仅用14个月建成了世界一流超高清面板生产基地。

3 惠企政策落地见效

全面落实中央、省、市一揽子经济政策,出台"纾困十条""花炮十条""文旅十条"等惠企政策,坚持办好"企业家接待日"活动,开通政企沟通高速直通车,深入开展"市领导联企干部联点""千名干部联千企"等活动,目前共收集问题1684个,办结率达95.4%。全年新增减税降费32亿元,兑现各类奖补资金6700余万元;本级"免申即享"政策兑现金额突破4亿元;"信易贷"授信金额482.02亿元。

4 市场主体梯度培育

健全中小企业孵化培育、扶持壮大机制,建立"重点企业培育库""退规风险企业库",出台"促企上市实施办法"等办法。截至目前,浏阳市市场主体总量突破15万户,同比增长17.94%,全市规模企业1594家、国家级专精特新小巨人企业19家、省级专精特新中小企业82家、高新技术企业568家、上市企业9家、长沙市上市后备企业37家,数量创近5年新高,均居全省县域首位。

5 权益保护安商护企

坚持"无事不扰、无微不至、无时不在"工作理念,实现"双随机、一公开"监管全覆盖,建设全国首个县级知识产权保护协作示范区,创建全省首个专利侵权纠纷行政裁决试点县(市),目前,全市有效商标注册量达27580件,蝉联中部六省县市之最。建成一站式诉讼服务体系,把司法工作融入诉源治理工作格局,工作经验入选最高人民法院白皮书十大典型经验。全力提升执法规范度,被司法部、人社部评为"全国司法行政系统先进集体"。

太仓市 TAI CANG

>>> 创新综述 <<<

近年来，太仓市始终坚持把优化营商环境作为加快高质量发展的"关键一招"，坚持对标最高标准、最好水平，不断擦亮"5E·太舒心"营商服务品牌，位列2022企业家幸福感最强市（区）榜单第一。

一是多维保障 构建活力迸发的市场环境，让投资更"顺心"。提升政策供给精度。出台航空航天、生物医药、现代物贸等产业创新集群专项政策，建设航空航天产业园等载体，"做航空到太仓"等产业名片不断打响。强化要素保障力度。开展国土空间全域整治，确保"好项目落户不缺土地"；运作超130亿元产业引导基金，创新"娄城贷"金融产品；设立7亿元人才基金，建成人才服务中心。拓展对外开放广度。深化对德合作，全市德企突破470家；获评港口型国家物流枢纽，沪太通关一体化全面落地，集装箱吞吐量突破800万标箱。

二是数字赋能 打造便捷高效的政务环境，让办事更"舒心"。"一网通办"提升便捷度。建成"太仓一网通办"总门户，1517个政务服务事项可"一网申办"，751个事项"两个免于提交"，30个"一件事"改革上线。"三线平行"跑出加速度。全国首创"三线平行"审批模式，将土地、建设、招投标手续由串联审批改为平行审批，全流程35个事项实现不见面智能审批，重点项目平均用时6.5天。"全周期服务"提升满意度。常态化实现企业开办"1环节0.5天0费用"，打造一站式企业服务中心、上线"企业服务总入口"，构建企业全生命周期服务体系。

三是法治护航

营造公正透明的法治环境，让经营更"安心"。加强信用体系建设。推出《政府助企纾困信用服务清单》，指导失信主体依法开展信用修复；"双信地"出让模式、家庭诚信积分等获全省推广应用。加大知识产权保护。开展知识产权"十百千"强基项目，推进知识产权创造、保护和运用，获评中国县域知识产权竞争力"十强"、省知识产权建设示范县。优化公共法律服务。打造全国首个网上公共法律服务中心，成立中小企业法律服务中心，组建民营企业法律服务团，推动公共法律服务向园区下沉、向企业延伸。

四是内外兼修

建设开放包容的人文环境，让发展更"定心"。浓厚亲商氛围。建立市领导挂钩联系重点企业制度，常态化开展民营企业家沙龙等活动，畅通政企沟通渠道，用心用情用力为企业排忧解难。做优人居品质。构建"5+1"铁路网络，推进瑞金医院太仓分院等高端功能载体建设，3年新增1万套人才公寓，打响"人到太仓就有房"品牌。擦亮城市品牌。深入推进美丽太仓建设，"城在田中、园在城中"的城市风貌更加彰显；构建"善治娄城"社会治理品牌体系，连续七次荣登中国最具幸福感城市县级市榜首。

如皋市 RU GAO

>>> 创新综述 <<<

今年以来，如皋市深入贯彻落实国家和省优化营商环境决策部署，紧紧围绕市场化、法治化、国际化一流营商环境目标，抢抓长三角一体化发展先机，持续深化改革，不断探索创新，聚力打造"如皋如意"营商环境品牌。2022年度，如皋市营商环境创新举措主要集中在以下几个方面：

1 出台意见优化政策，进一步构筑优化营商环境的四梁八柱

出台营商环境3.0版，印发了《如皋市2022"营商环境提升年"实施意见》，推出72条具体举措，实施一批突破性、引领性的改革举措；制定优化营商环境典型案例打造计划，确定典型案例认定标准，鼓励改革创新、大胆探索，精心定制"科创30条""人才新政22条"；**破除区域壁垒**，开启并基本建成"无证明城市"，通过"取消一批、共享一批、承诺一批、核验一批"实现证明免提交，由群众跑动转为部门联动，由重复提交转为集成复用。

2 提升便利化水平，激发企业发展活力

深化市场机制改革，推动基层政务服务标准化再提升，以更大的力度、更实的举措，精准赋予全市13个镇（区、街道）120个审批服务事项。一体推进高频政务服务事项"跨省通办""省内通办"，与5

省9地开展跨域通办个性化合作，今年来共办理跨域户口迁移、退休异地提取住房公积金、基本医疗保险关系转移接续等事项逾20000件；全面打造代办精品服务队伍，打通为民服务最后一公里；

优化公共服务，持续提升企业开办便利度，推出开办企业"网上办、一站办、半日办"，全面建成开办企业"15分钟"政务服务圈，全市实现22家银行118个银行营业网点"一站式"服务；

完善项目投资建设，着力破解项目施工许可审批时限长、流程多等问题，推行工业项目"拿地即开工"，实行项目审批"前延"服务，提高一次办理成功率，降低企业报批成本；

提升对外开放水平，实施进出口大宗散货"船边直提""抵港直装"，建立进口民生物资"绿色通道"，持续提升海关服务水平和响应效率。

3 强化融合监管，严禁执法"一刀切"

强化监管体制创新，牵头制定的《"双随机、一公开"监管工作规范》，成为全省"双随机、一公开"监管领域首个且唯一一个省级地方标准；全面推进部门联动"一起查"，上下联动"一次查"，部门联合监管占比达70%以上，全市联合监管部门覆盖率达100%，有效解决了重复监管、多头执法等问题；持续完善企业信用分级分类监管，在全省县级市率先实施企业信用分级分类监管，大力营造"无事不扰、有求必应"的政务和执法环境；推行涉企免罚轻罚清单加强柔性执法，修订出台130项市场主体轻微违法行为"免罚轻罚"清单及11项"不予施行行政强制措施"清单，有效降低市场主体负担，统一监管规范，"高质量"打造县域执法监管新样本。

福清市 FU QING

创新综述

福清高度重视优化营商环境工作，开展优化营商环境5.0改革，全力推进审批服务便民化、涉企税费改革、加大融资支持等重点工作的开展，取得较好成效。

1 推进审批服务便民化

提升省网上办事大厅福清分厅"一网通办"水平，推进在线申报、在线提交、在线审查；在福州范围内率先推动"跨省通办"事项"掌上办"、"指尖办"；推行政务服务进园区，组成"流动政务服务队"、设置园区分中心（代办点）、形成"三级代办两级协调"、"云代办"、"园区吹哨、部门报到"等服务模式。推动"一件事"集成套餐服务改革实现运行的规范化、高效化，在福州率先探索实现公证处和侨办业务联办新模式，在福州首创"不动产权继承公证及转移登记一件事"联办服务机制，实现"一窗受理、同步申请、一口出证"，打通全生命周期办事链条。

2 深化"互联网+政务服务"改革

持续推进"开卷式"审批，政务服务由"经验型"向"标准化"转变；探索"零延时"智慧审批，简化申请材料和完善电子证照提交方式，逐步实现全流程电子化；推出"政务咨询一体化平台"、政务服务"微视频"以及"VR办事导览"，运用信息技术，为全市人民提供7*24小时的在线咨询与沟通服务渠道；在全省率先与驻印尼、日本等使领馆合作开展远程视频公证，方便群众办理出国留学、探亲、旅游、工作等涉外公证。

3　提升纳税便利度

实行财产和行为税十个税种的合并纳税申报；对可以通过信息共享、部门协查取得，通过事后核查可以有效防范风险，或税务机关开具的证明，积极实行税务证明事项告知承诺制；推行智慧税务，"非接触式"办税，实现主要办税事项100%全程网上办。

4　推进口岸提效

推进通关便利化，推行预约查验、下厂查验、入库查验等灵活查验方式，减少货物搬倒和企业查验等待时间；开行中欧、中老国际货运班列，为进出口贸易企业拓宽国际物流渠道。

5　降低企业运营成本

全面推广新开办企业免费刻制企业公章和发票专用章等服务，通过政府购买服务的方式引入优质代办机构，实现由政府为企业刻章买单。

6　加强市场主体权益保障

建立企业破产处置工作市级府院联动机制；依托上级法院建立的破产审判智慧辅助系统，进一步优化破产审判"云"服务，从升级"云"会议开始，逐步探索破产案件全流程线上办；以"福清市一站式纠纷多元化解中心""诉非联动中心"为着力点，充分延伸人民法庭的职能，整合司法所、人民调解委员会等基层解纷力量；建成"园区枫桥"机制，形成职工法律服务一体化基地，为劳动争议提供预、调、裁、审一条龙服务，推动职工依法维权，推动企业健康发展。

如东县 RU DONG

>>> 创新综述 <<<

如东县委县政府始终高度重视营商环境提升工作，2022年2月8日，根据国家、省、市文件精神，结合本地实际，如东县出台了《2022年全县"营商环境提升年"实施方案》，方案坚持以市场主体关切和需要为导向，以推动高质量发展为主题，点燃服务企业的"速度与激情"，积极打造"如来如愿"营商环境品牌，全力营造办事更方便、政策更惠企、服务更贴心、群众更满意的一流营商环境。

2022年度，如东县营收环境创新举措主要集中在以下几个方面：

1. 优化工业项目"拿地即开工"审批服务。印发《如东县工业项目"拿地即开工"审批服务实施意见》，对符合条件的工业项目"交地即发证""五证齐发""水电气报装联合办理"一日办结。

2. 打造惠企政策快捷通道。上线"如东兴企通"服务平台，各部门、单位惠企政策均通过平台发布，企业通过"兴企通"实现惠企政策"免申即享""简申快享"，更快、更便捷服务企业。

3. 全面推行包容审慎监管。出台《关于全面推行包容审慎监管优化营商环境的实施意见》，建立年度行政执法检查计划、涉企轻罚免罚清单、包容审慎柔性执法备案制度。全县15个行政执法机关均已梳理制定本系统免罚轻罚清单。

4 推行知识产权质押融资。积极搭建银企对接平台，不断拓宽中小型科创企业融资渠道，全力做好质押融资代办帮办服务。出台《知识产权质押融资若干政策意见（试行）》，组织全县各大银行积极开展知识产权质押融资业务，2022年完成知识产权质押融资56笔7.4326亿元。

5 建立健全代办帮办机制。出台《如东县加快推进政务服务代办帮办工作的实施意见》，建立覆盖县、镇（区、街道）、村（社区）三级的代办帮办服务体系。明确全县代办帮办人员选配报备制度、工作考评办法和运行规则，三服务体系和事项清单进一步规范，县与各镇（区、街道）常态化政策、业务、服务指导对接机制持续巩固。

6 强化政企沟通协调机制。完善协商沟通、挂钩服务、品牌引航等机制，疫情期间始终做到涉企防疫和助企纾困"两手齐抓"，在全市率先建立各级领导挂钩联系企业机制，组织全县四套班子领导和各部门主要负责同志挂钩联系全县亿元工业企业和重点服务业企业，组织机关干部一对一跟踪服务全县用工200人以上企业。

7 成功举办第五届如东企业"金牛奖"评选活动，自"金牛奖"设立5年来，如东始终秉持"亲商、安商、富商"理念支持企业培大育强，"如来如愿"如东营商品牌的影响力、获得感和满意度不断提升。

龙口市 LONG KOU

创新综述

2022年，龙口市针对行政体制机制市场化、集成化改革需要，制定出台了《龙口市人民政府关于全面实行行政许可事项清单管理的通知》《龙口市营商环境创新行动2022年方案》，积极探索推进行政体制机制改革，持续激发市场主体活力和社会创造力，聚力打造"龙e办"营商环境品牌。

龙口市营商环境创新举措主要有：

1. 创新推出"大小专员"服务企业制度，364名机关干部深入757家企业，先后帮助解决问题千余条，切实提升市场主体满意度。

2. 开展"副局长现象"专项整治，刀刃向内解决"找存在感、耍权威感、玩潜规则、搞假担当、乐守摊子、轻规纪法"六种问题倾向，构建"亲而有度""清而有为"的亲清政商关系。

3. 推进企业全生命周期服务集成改革，系统集成企业全生命周期关联性强的高频事项，实现"一件事一次办"主题服务。

4. 推出"信易+"服务体系，推出"信易贷""信易医""信易批"等守信激励措施200余项，建成运行信用超市168个，打造"信用善治"服务模式。

5. 推行"码上办""云审查""不见面开标""电子化登记"，实施线上集成服务、扫码监督举报、云端线上评审等措施，切实增强政务服务的便利度、透明度，企业开办全流程压缩至最快"2小时办结"。

6 推行"政务服务+"合作模式，建立"跨省通办"渠道，依托银行金融网点、邮政网点、医疗站点、商业综合体、功能园区等，实现政务服务多场景多点位布局；与25省381个地区签订政务服务"跨省通办"合作协议，构筑起立体多元的服务体系，实现政务服务网上办、就近办、极简办。

7 建立项目管家+企业联系人+相关部门联系人的（1+1+N）模式，对重点项目实施批前辅导、跟踪服务、过程监管、超前服务，通过模拟审批、并联办理、主动"导办"，全程"帮办"，"拿地即开工""四证齐发"实现常态化，有效减少项目建设的时间和资金成本。

8 打造全链条创业服务模式，聚焦培训、融资、孵化、服务、生态全要素，构建"五位一体"全链条创业服务体系。

9 打造"不动产+"便民服务体系，借助信息化数据共享技术，实现不动产登记业务"零跑动、一次办"。

经过上述举措实施，龙口市营商环境大幅优化、市场主体活力明显增强，荣膺山东省首批民营经济高质量发展先进县；成功创建山东省社会信用体系建设典型城市。

南昌县 NAN CHANG

>>> 创新综述 <<<

南昌县持续贯彻落实"放管服"改革部署，对标省委、省政府深入推进发展和改革双"一号工程"精神，不断优化营商环境。

1 行政审批效率稳固提升

2022 年以来，政务服务大厅共办结各类行政审批 2.8 万余件，按期办结率 100%，其中 85% 的日办件量都能当场受理、当场办结，马上办好；新开设企业数量达 7119 家，企业登记 1.5 小时内拿到证照，投资项目审批时间平均减少 72%，建设工程项目全流程审批压缩至 70 个工作日，承诺件平均办结时限减少 70%，行政审批工作稳固提质增效。

2 便民服务体系加速升级

南昌县持续优化巩固"六个办""六多合一""一链办理""一次不跑""容缺后补＋承诺制"等改革机制，梳理"就近办"服务事项 76 项，打造"15 分钟政务服务圈"；发布 164 项"跨省通办"事项，为企业群众提供优质、高效、便捷的异地服务；推出"一件事一次办"主题服务事项 47 项，变"一事一流程"为"多事一流程"。

3 政务服务氛围不断优化

针对企业和群众在审批过程中的难点、堵点、困点，设立"难事直通窗"服务窗口，采取线上线下融合受理方式，月均咨询量 70 余件、办件量 15 余件，

100% 解决了企业群众的诉求和困难。推动全县政务服务窗口全覆盖"好差评"评价器，促进服务能力不断优化提升。

4　线上办事能力大幅提高

江西政务服务网南昌县分厅的依申请政务服务事项有 1361 项，网上可办率提升至 100%，10 月份全程网办率达 99%、网办件 45582 件。截至目前，赣服通共计接入 250 项特色事项，24 项不见面审批事项，26 项无证办理事项，4 项信用办事项，老年服务专区事项 10 项，电子证照 54 项，赣服通实名注册人数 47.9 万人，访问量 2160 万次。

5　数据融合应用加速推动

加快完善"赣政通"南昌县分厅功能，着力推动各类政务应用整合接入，拓展跨部门跨层级业务协同能力。"赣政通"南昌县分厅累计接入单位 97 家，全县总注册用户数 2593 人，人均待办事项数位居全市前列；加快推动重点业务应用领域数据共享交换，共编制县级供需清单 23 个，已完成数据资源订阅 19 个，实现民政、公安、工商等系统的数据共享，助力我县在 2022 年 9 月份全省数据共享考核中排名第二；充分运用全省统一惠企政策兑现平台"惠企通"，加快推动企业注册率、电子印章申领率和使用率不断提升，目前企业注册率达到 109.04%，电子印章申领率达到 101.55%。

6　惠企纾困解难迅速落地

南昌县 2019 年率先在全省设立惠企政策兑现窗口，2020 年率先在全省建设惠企政策线上兑现平台"惠企帮"。在此基础上，政务服务大厅惠企政策兑现窗口按照"受益企业要广、兑现资金要足、落地见效要快、全程服务要优"原则，共兑现企业 18407 家，累计兑现金额 104.53 亿元。

宁乡市 NING XIANG

>>> 创新综述 <<<

宁乡市根据《国务院关于开展营商环境创新试点工作的意见》，创新为市场主体推出"**股东式**"服务，持续深化"**放管服**"改革和优化营商环境，持续擦亮"**三化一流**"营商环境品牌。

2022年度，宁乡市营商环境创新举措主要集中在以下几个方面：

1 出台《关于推行"股东式服务"进一步优化营商环境推动经济高质量发展的意见》，以企业需求为导向，以企业满意为标准，把市场主体的事当成自己的事来办，为企业提供不分红的"**股东式**"服务，推出**书记（市长）'码'上办"信箱、"市长企业接待日"**（每月21日），市长企业面对面零距离解决问题与困难；

2 派驻千名干部联千企，协助企业解难题、渡疫情难关，构建亲清政商关系。成立"**产销对接服务中心**"，采取"带配套进龙头""产业链对接沙龙"方式助力中小企业供需对接。推出"**共享用工**"新模式，实现跨区域用工互补，切实解决企业用工弹性需求。创新转型、二次、转向等"**策划式**"招商，推进"五链融合"发展，做强储能材料、工程机械等"产链群"，培育**5家百亿产值企业**。创新"**极简审批**"，率先实现"出生、入学、身后"等高频事项"一件事一次办"，让群众办事无忧；**建设商圈商户服务点，打造15分钟政务服务圈**；

3 创建"三无城市"（无证明、无收费、无跑腿），实施"三即"承诺制（领照即开业、交房即交证、交地即开工）、**三超两免**（网上中介超市、金融超市、地产品超市，办政务事项免提交本市政府核发材料、能有电子证照免提交实体证照）**改革**，提供"三享"服务（免申即享、即申即享、信用优享），进一步压缩审批环节和耗时，降低企业生产、经营成本；

4 推行"**全程不见面**"、综合业务"合并办"、网上服务"帮代办"不动产登记服务，精准提升便民化水平；

5 推动"企业开办一网通办平台"应用，实现企业开办"一窗办、一网办、一次办、一日办、零费用"的"410"机制；制定《宁乡市市场主体轻微违法违规行为首违免罚清单》，试点市场主体**轻微违法违规经营行为首违免罚**。全年新增市场主体1.98万户，税收过亿元企业9家，新引进投资10亿上产业项目15个，培育百亿产值企业总数达5家。"极简审批"改革、"三享"服务"共享用工"创新举措等工作经验获中央省市各级推介推广，"股东式"服务、"策划式"招商典型经验被省政府全省通报表扬。宁乡市"1+2+N"24小时全天候办理的"15分钟政务服务圈"基本建成，企业开办和注销企业、不动产登记所需流程和时间进一步压减，"双随机、一公开"新型市场监管已实现全市覆盖，惠企政策全方位落实落地，市场活力和社会创造力得到进一步激发，营商环境竞争力稳步提升。

桐乡市 TONG XIANG

>>> 创新综述 <<<

2022年，桐乡市围绕国家、省相关部署要求，聚焦市场主体关切，创新实施**桐乡市营商环境"四大工程"2.0版**，推出100项年度重点任务、50余项创新亮点工作，着力构建企业全生命周期管理服务链，更大激发市场主体活力和发展内生动力。未来智能法庭、时尚产业智慧物流等改革举措先后获国家、省领导批示肯定。

桐乡市营商环境创新举措主要集中在以下方面：

招投标领域

推进**电子招投标**，实现"云上"评审、在线打分，监管部门全程线上监督；

市场准入领域

建立**"外贸证照联办"**工作机制，企业只需申请一次，即可享受从企业设立至银行开户集成服务；

市场退出领域

推动**不动产司法拍卖集成改革**，依托"执行一件事"平台实现司法拍卖全流程"一键联审、一窗受理、一网通办、一次办结、一链服务"；

投资贸易领域

搭建**数字化招商一体化平台**，打造项目在谈、签约、注册、准入、开工、投产的立体全链条闭环管理服务体系；

工程建设领域

创新**"数智建造"**应用，强化工程项目全过程精细化智慧施工管理，助推建筑行业降本减负；

产业领域

1.建成**"时尚产业智慧物流"**应用，打造全链可视、价格透明的物流监管服务体系，实现物流运输提质增效，保障产业链供应链畅通稳定；2.建设**毛衫质量基础设施"一站式"服务平台**，为毛衫企业提供"线上 + 线下"质量基础设施"一站式"服务；**知识产权领域**，推进**知识产权"保险 + 维权"改革**，将保险、法律援助机制融入知识产权治理体系，强化知识产权全链条管理服务；

人才领域

1.打造**"学子码"高校毕业生就业服务应用**，破解毕业生"引进难""留用难""创业难"，建设高质量就业创业服务体系；2.打造**"劳安心"整体智治应用**，务工人员和用人单位双向智能选择，有效防治劳务纠纷；

监管领域

1.建设**"桐 e 签"**智能合约平台，完善风险闭环管控机制，加强交易行为全生命周期智能化管理；2.上线**行政争议全流程管控应用**，提前纠正、预防行政争议风险行为，降低行政争议风险；3.构建**"治超综合预警系统"**，形成超限运输数字化监管执法闭环；

公共服务领域

1.建设**全国首个"未来智能法庭"**，为法官、当事人和社会公众构建数字司法服务优质生态圈；2.深化公租房申请"一件事"改革，建设**"桐易居"应用**，实现公租房申请、合同网签、报修、退租等全流程掌上一键闪办；3.通过**"助残服务直通车"**实现残疾人申领社保参保补助"零跑腿"。

优质的营商"软环境"，构筑起桐乡市高质量发展的"强磁场"。得益于上述系列改革举措，2022 年，桐乡市 GDP 为 1209.7 亿元，同比增长 2.6%，完成固定资产投资 463.5 亿元，实到外资超 4 亿美元。

石狮市 SHI SHI

>>> 创新综述 <<<

石狮市深入贯彻落实上级关于深化"放管服"改革优化营商环境的工作部署要求，结合我市实际，制定出台《2022年"创在石狮"工作方案》，围绕"创在石狮"主题推动营商环境优化提升，2022年度，石狮市营商环境创新举措主要集中在以下方面。

一是创新优化商贸营商环境

全国首创创新设立政府汇率避险"公共保证金池"模式，有效降低企业汇率避险门槛和成本；全省率先开辟跨境收汇总量核销绿色通道，实现市场采购贸易收结汇信息自动处理，解决企业收汇手续繁、时效慢痛点。2022年，实现市场采购贸易出口504.27亿元，增长34.16%。启用石狮市跨境电商公共服务中心，服务推动企业加速运用新业态打通国际市场渠道。全省首创电商人才积分政策、出台全省首个品牌电商扶持政策，持续优化电商产业营商环境，位居"2022年度全国县市电商竞争力百佳样本"第3位。

二是稳步推进商事制度改革

推行企业开办"一窗通办"，试行简单变更事项"免申即办"，推出"企业登记基本情况表查询"掌上办服务，在全省率先实现县级企业登记档案查询掌上办。开展歇业备案试点，搭建福建省首家"石狮市企业歇业备案信息共享平台"，实现歇业备案信息互通。深化市场主体住所登记领域改革，实现个体工商户开业全程电子化登记。通过深化改革，进一步激发市场主体活力，2022年全市新增市场主体27794家。

三是持续提升审批服务效能

建立窗口服务量化积分考评机制，着力提升审批服务质量。在泉州市首个试点推行工业类项目"承诺即开工"审批制度改革，以政府采购方式免去企业施工图审查费用，项目施工图审查等待时长缩短0.5-1个月。实施工业企业"零增地"改扩建项目规划许可方式改革，以实行审批管理、减免技术审查、推行豁免许可等方式优化审批流程，推动解决现有工业项目规划许可时长较长的客观问题。深化帮办代办服务机制，开展"模拟审批"服务，出台规划许可、竣工验收、水土保持等重点环节操作细节，先后为86个工建项目提供"模拟审批"，促进项目尽快落地建设、竣工投产。

四是强化数字赋能政务服务

建设"i石狮"亲清平台，上线奖补直达、小微融资、掌上证明等65个功能模块，累计点击量超800万次。其中，"奖补直达"兑现各类奖补资金超9.8亿元、"小微融资"对接融资超12.3亿元。开通不动产登记信息网上自助查询渠道，实现不动产登记信息证明网上查、线上开、自助办。重视政务数据汇聚共享，依托本级数据资源共享分中心累计汇聚各类政务数据超6.5亿条，为相关部门提供数据交叉核验、数据查询等服务超1000万次。

肥西县 FEI XI

创新综述

　　肥西县深入贯彻落实安徽省"一改两为"大会精神，以"一改两为五做到"为总要求，以打造一流营商环境为主线，帮助企业解决难点痛点堵点问题，激发高质量发展新动能。2022年，肥西县出台了《肥西县优化营商环境行动方案（2022版）》《肥西县2022年应对疫情助企纾困促发展若干政策》，修订了《肥西县推动经济高质量发展若干政策》。

　　2022年度，肥西县营商环境创新举措主要集中在以下方面：

1 政企互动领域，线上线下同步服务

　　建立"政企面对面"制度，县四大班子主要负责同志每周五接访企业，现场倾听企业问题和诉求，协调解决涉企问题。打造"灵西"小程序政企互动平台，线上收集办理企业问题，实现全天候人工客服在线答疑，有求必应。县领导共开展"政企面对面"活动22期，接访企业143家次，创新"节点工作法"，健全问题闭环解决机制，直至问题销号。

2 政务服务领域，深推政务服务综窗办

　　将部门分设的494个事项统一纳入为企服务"综合窗口"进行受理。率先在全市推行"企业设立、印章刻制、发票申领"三个环节"一窗受理、一日办结、统一发放"惠企举措，将"银行开户""社保开户""医保备案登记""水气报装"等纳入企业开办"一网通办"平台实现应用，已办理一日办结企业6643户。

3　要素保障领域，创新开展招才招引系列活动

组织开展"2+N"主题招聘、"春风行动""三公里"就业圈等系列活动，出台《肥西县"人才贷"业务实施办法》《肥西县"人才保"业务实施办法》等多方位解决企业引才和用工需求。组建产业基金，设立100亿管理规模的政府投资母基金，政府通过股权直投、股债结合的方式投资和招引企业，已参与设立14只子基金，总规模约141亿元。

4　项目服务领域，成立项目全程领办代办窗口

"智慧肥西"平台设立为企业服务专区，提供从开办到竣工投产的全流程免费领办代办服务。设立7×24小时政务大厅，自助办理事项达263个。召开"云招商"会议，洽谈招引项目，确保防疫期间招商引资工作不停步。开创"拿地即开工＋标准地＋云读地"模式，保障企业项目早落地、早建设、早投产。

2022年，肥西县实有市场主体90997户，注册资本总额2731亿元，累计为企业减轻税费负担和留抵退税42亿元，为763户中小微企业和个体工商户免租0.26亿元，水电气费缓交及减免滞纳金违约金等惠企资金2.07亿元，县财政通过兑现奖补、贴息、设立引导基金等方式支出11.17亿元，办理社保减返缓补等惠企资金1.58亿元。肥西县将继续坚持有效市场和有为政府更好结合，为市场主体发展营造可预期的一流营商环境。

仙桃市 XIAN TAO

>>> 创新综述 <<<

2022年,仙桃市按照国家、省相关部署要求,对标一流标准,围绕企业、项目和自然人全生命周期服务,大力开展五大专项行动,全力打造"仙办好"营商环境特色品牌,五项改革被省营商办确定为改革先行区。

2022年,仙桃市优化营商环境创新举措主要集中在以下几个方面:

1 全面推行**招投标"评定分离"及综合监管联动执法改革**,探索建设"招、投、开、评、定"全过程的电子化招投标系统,推动智慧定标,实现招标项目全流程电子化率、不见面开标率、远程异地评标率三个100%。

2 实行**政府采购电子化改革**,完善政府采购电子交易平台,电子化助力"零跑腿";推行不见面开标新模式,远程化助力"零见面";全面取消"两金一费"收取,制度化助力"零费用";全流程公开可溯源,透明化助力"零障碍"。

3 建立速调快裁新机制,开展**劳动争议速裁**,成立劳动争议人民调解委员会及劳动争议"一站式"多元化解联动处置中心,坚持"快立、快送、快调、快审、快裁、快结"原则,速裁处理劳动争议达70%。

4 针对历史遗留工业项目,建立**破产企业土地、房产处置机制**,有效解决了破产企业不动产证办理难问题。

5 全面实施"胜诉即退费"机制,将"线下"当事人申请的"被动模式",转化为"线上"法院办理的"主动模式",逐步形成"主动退费、动态提醒、网上操作、全程监管"的"胜诉即退费"工作新模式。

6 推进**缩小施工图审查范围改革**，取消低风险工程施工图审查环节，企业减免至少 50 万元图审费用，每个建设项目由国家法定的 10 个工作日，变为申报即办结即许可。

7 推出**"双预告转本"登记新模式**，实现预告登记、转本登记在金融机构"一站式、零见面"办理。

8 推动**配电网数字化赋能及获得用水"四零"服务**，全面建成"大云物移智链"技术下的智慧配电网，实现用水报装"零环节、零时间、零资料、零费用"。

9 推出**保税物流"触发申报"新模式**，实现企业一次录入，单证数据系统自动生成，自动按序申报，单票平均用时压缩时限超过 90%。

10 持续**扩大包容审慎监管范围，建立不予实施行政强制综合负面清单**，创造性推出 4433 工作法，制定从轻、减轻处罚和免处罚、免强制四张清单，创新四种监管方式，实现行政执法包容有度、审慎有尺、宽严有据、监管有情。

11 持续**推进"转改直"**，构建转供电价格行为"违规预警＋精准监管＋案件查处"的综合治理模式，着力降低市场主体经营成本，不断释放电价红利。

12 持续**推进"非接触式"办税**，打造"一键咨询，线上办税，一线联动，在线领票，一机在手，云端学税"的"非接触式"办税"心"体验。99.9% 的纳税申报"不见面"，98.8% 的发票领用"线上达"。

经过上述举措实施，2022 年以来，全市新发展各类市场主体同比增长 79.75%；农村居民人均可支配收入增长 8.9%，居全省第 1 位；工业用电量增长 11.4%，居全省第 2 位；固定资产投资增长 19.5%，居全省第 3 位；地区生产总值 1013.14 亿元，在湖北县域中率先跨入"千亿俱乐部"，增速 5.3%，居全省第 4 位，经济稳中向好态势持续巩固。

巩义市 GONG YI

创新综述

巩义市按照党中央关于优化营商环境的决策部署，统筹协调，创新思路，推动全市营商环境建设工作取得一系列突破性进展。

区域壁垒破除方面

招投标改革：市公共资源交易中心实行全流程电子化交易，实现远程不见面开标全行业覆盖；拓展延伸平台服务，实现在线受理、答复和转办异议投诉；取消工程建设类项目和医疗采购类项目事前招标备案环节，实行招标计划在线告知登记制度，简化办理事项和交易流程。企业证照改革：巩义市房管中心通过系统性培训指导、将办理材料由10项压缩为5项、提供延时服务，为66家房地产开发企业重新核定和换发了二级资质。资源数据共享：郑州住房公积金管理中心巩义管理部设置"跨省通办"和"跨域通办"服务专窗，新增25项"跨省通办"事项，将"1+8郑州都市圈"的缴存职工视同本地缴存职工，大力推进高频公积金业务"跨省通办""跨域通办"。

市场机制改革方面

本市市场监管局简化审批流程，畅通线上"一网通办"、线下"一窗通办"；深化政银合作，提供免费刻章、邮寄服务；率先推行"智能审批"改革，实现254项常用业务"一件事"秒批、秒办；推动服务事项"双免办"，减免申请材料97项，服务效能显著提升。

投资建设完善方面

养老：市民政局以"居家为基础、社区为依托、机构为支撑、医养相结合"的养老服务体系，打造城区"一刻钟养老服务圈"，在"巩义市养老服务智慧平台"中构建了以第三方为主、为老年人提供各类养老服务的线上平台。医疗：2022年，市医保局推出三项医保新政策：取消个人账户基金异地使用备案，开通门诊慢特病异地就医直接结算，实现门诊特定药品省内异地就医直接结算，极大方便了本地居民异地就医。

监管体制创新方面

创新开展营商环境监督工作。市营商办选聘30名营商环境建设特邀监督员，参与全市常态化和专项督导；深入推进纪检监督、监察监督、派驻监督、巡察监督、群众监督贯通融合，发挥协同监督优势；建立党员干部、公职人员破坏营商环境违纪违法问题线索绿色通道和"快查快办"机制；坚持每季度对市直单位进行考核，每半年对镇（街道）进行考核，并对基层站所开展测评，以评促改，以改促优。打造"三田留余"诉调对接平台。市法院利用本地"三田留余"文化，设立三田留余诉调对接平台，邀请11名"中国好人"担任特邀调解员。2022年，平台分流案件7183件，调解成功5289件，调解成功率为73.63%，均居郑州地区第一名。推进新型农业经营主体信用体系建设。市发改委出台8个方案制度、将新型农业经营主体纳入信用体系建设范围、加强"信易贷"推荐、强化信用联合奖惩、开展信用建设"进机关、进农村、进企业"活动，营造诚实守信社会氛围。

滕州市 TENG ZHOU

>>> 创新综述 <<<

为全面贯彻落实中央和山东省委关于营商环境的改革要求，滕州市委市政府聚焦"工业强市、产业兴市"三年攻坚突破行动，创新推进"企呼政应、接诉即办"为工作机制，持续激发市场主体活力，以营商环境的"高质量"助力经济发展的"加速度"，全力打造营商环境滕州善政"金招牌"。

滕州市营商环境创新举措主要体现在以下五个方面：

一是强化"企呼政应、接诉即办"机制保障

做实兜清底数、精准转办、限时办结、督办问效、销号管理、考核评价、以宣促办的"兜、转、办、督、销、评、宣"七个环节。构建了"扎口受理、闭环办理、分类处置、反馈考核"工作机制，全程跟踪管控，确保服务过程高质高效。

二是开展"五式工作法"

即"沙龙式"大家谈、"现场式"即时办、"阅卷式"大家评、"亮屏式"承诺办、"点穴式"大察访，助推营商环境逐步优化。推动职能部门办结企业反映的问题397件，办结率93%，形成了优化营商环境的强大声势和工作合力。

三是整合渠道优化办事流程

统筹 12345 政务服务便民热线、"爱山东·枣庄"APP、市政府网站，将企业诉求全部接入指挥平台，由多渠道办理变成扎口受理，提高了企业诉求解决效率。推行"午间不断档，全年不打烊"服务，大力提升企业开办服务效能，跑出了优化营商环境加速度。创新"5021"企业开办服务模式，即"纸质材料零提交、网上申办零距离、审批服务零见面、帮办代办零费用、办事效能零延误"、企业开办 2 小时、自助打证 1 分钟，实现全链条"极速审批"。

四是着力开展惠企志愿服务

研究组建滕州市惠企志愿者服务联盟，按照"四梁八柱一专班"设计，以"政府、镇街、部门、企业"为 4 个主体，突出"科技创新、法律护航、金融投资、人才培训、市场开拓、管理咨询、创业辅助、爱心助困"8 个板块，吸收社会团体和个人，为企业把脉问诊，量身打造，解企所需，应企所盼，努力营造法律护航、金融蓄水、科技腾飞、爱心奉献的惠企氛围。

五是探索数字经济下"e 呼善应"新模式

依托现有"e 呼善应"平台，充实完善数字赋能"政策超市"，让企业及时了解省市县政策、政策变动情况，让平台成为"企业服务指南"。

2022 年，滕州市共征询问题 315 家企业 15 批次 467 件问题。其中，属地解决 34 家企业 40 件问题，已全部办理；上报市政府事务推进中心派单解决 427 件，限时办结 397 件，办结率 93%。市政府主要领导开展现场办公会 7 次，现场解决 28 家企业 68 个问题；市政府其他领导开展现场办公会 7 次，现场解决 12 家企业 28 件问题。

肥东县 FEI DONG

>>> 创新综述 <<<

今年以来，肥东县深入贯彻习近平总书记关于"营商环境只有更好、没有最好"重要论述精神，全面落实省、市"一改两为"决策部署，树牢服务企业就是服务大局的理念，着力为市场主体纾困解难，持续增强县域发展动力。

搭好"台子"，便捷企业稳落户

一是优化政务服务，实现审批提速。深入推进"互联网+登记注册"改革，实现"证照分离"改革全覆盖。落实"一业一证一码"，施行"证照联办"试点改革。二是深化"标准地"改革，推行"验收即拿证"服务模式。推进"地等项目"模式，对带方案出让材料齐全的项目，实行"拿地即开工"。多部门联动，前置办理、信息共享，实现项目竣工验收备案的同时办理不动产登记。三是精简涉电行政审批。优化政企数据贯通应用，对接工改平台与电网系统，缩减办电时长。

找准"路子"，助力经营疏堵点

一是招聘用工出新招。开启网络直播招聘新通道，采用"直播"+"探名企"模式，破解企业用工难问题。二是企业融资添渠道。鼓励引导企业、金融机构入驻"信易贷"平台并发布信贷产品，加大融资担保支持力度。成立小微企业转贷资金，解决续贷难题。三是办税缴费提质效。设立"疑难事项""一次未办成事项"窗口，拓展"非接触式""不见面"办税缴费服务，网上申报率达99.95%。四是精准帮扶优机制。组建重点项目、企业服务团队，落实包保联系制度，对"专精特新""小巨人"企业采取"一户一档"服务模式。

开好"方子"，全程服务解难题

一是加强信用体系监管。加强信用体系建设，建立"红黑名单"制度，实行信用分级分类管理，规范中介和市政公用服务管理。二是全面履行项目建设管理职责。明确对招标人履行的项目管理职责，加强交易项目合同公开、合同履约信息上传督促督办。三是依托"e路阳光"，共享信息供给渠道。市场主体足不出户，便可实现对交易信息的及时"掌"握，应知尽知。四是畅通企业诉求渠道。主动收集企业诉求，倾听意见建议，帮助解决难点、堵点问题。

筑牢"框子"，法治保障兜好底

一是优化诉讼服务流程。推进网上立案，在全省率先建成"24小时自助法院"，启动司法辅助事务全流程外包，主动为企业提供司法服务。上线"执行案件流程节点短信推送系统"，及时告知案件办理进程。二是创新办案机制。在实践中创造执行指挥中心实体化运行"963模式"，彻底改变"一人包案到底"或"团队包案到底"的传统办案模式。三是保护企业合法权益。开展保护民营企业合法权益专项执行活动，严厉打击黑恶势力、发放高利贷等涉企违法犯罪，精准把握办案尺度和温度，减少对企业正常经营的影响。

嘉善县 JIA SHAN

创新综述

嘉善县深入贯彻落实中央、省、市关于优化营商环境的部署要求，紧扣"双示范"战略叠加机遇，以打造长三角最优营商环境为目标，聚焦企业需求，促进企业全生命周期办事便利化。印发《嘉善县更好服务市场主体打造一流营商环境专项提升行动实施方案》，推进商事制度改革、提升市场主体办事便利度等五个方面19项重点任务。

2022年度，嘉善县营商环境创新举措主要集中在以下方面：

1 区域壁垒破除领域

创新打造"区域协同万事通"重大应用场景，整合共享浙江嘉善、上海青浦、江苏吴江三地政务服务数据资源，实现1306项民生服务一网通办，207项行政检查事项一网统管。推出"跨省通办"综合受理模式，实现浙江嘉善、上海青浦、江苏吴江三地"跨省授权、全盘受理、一窗综合、同城服务"。

2 市场机制改革领域

优化企业开办流程，实现设立登记、公章刻制、银行开户等环节"一窗受理、一次办结"。开展涉企证照联动注销改革，实现营业执照和食品经营许可证联办注销。

3　投资建设完善领域

推动一般工业企业投资项目中全面实行竣工联合验收，做到"一窗受理"，申请材料"一次告知"，材料查验"一次审查"。深化"标准地"改革，新批工业用地100%按照"标准地"供地（除负面清单外）。健全科技创新机制，加快高能级创新载体建设，实施新一轮科技型企业"双倍增"行动计划。

4　对外开放提升领域

打造一站式"涉外事务综合体"，实现涉税服务证明、移民咨询等21项外国人服务事项"最多跑一次"。加强涉外投资贸易服务保障，扩大嘉兴综保区B区内企业一般纳税人资质试点，探索在综保区开展保税维修业务。

5　监管体制创新领域

深化"大综合一体化"行政执法改革，推动形成责权统一、精简高效的综合行政执法体制。规范行政执法行为，在涉市场主体等领域建立轻微违法行为不予行政处罚和减轻行政处罚执行机制。

6　公共服务优化领域

提升招投标服务效能，推动投标电子保函应用，实现投标全流程无纸化。提升普惠金融服务能力，开发"嘉善个体保"专项产品，扩大政府性担保对个体工商户的覆盖面。

经过上述举措实施，嘉善县在全省营商环境评价中处于第一档，营商环境无感监测总得分列全省县（市）第2位，标杆指标数量列嘉兴市第1位，打造"区域协同万事通"构建青吴嘉一体化政务服务新模式做法入选2022年度浙江省优化营商环境最佳实践案例，"浙里加计扣除"应用实现企业科技政策智享直达等2个案例入选2022年度嘉兴市优化营商环境"十佳案例"。

枣阳市 ZAO YANG

创新综述

2022年，枣阳把优化营商环境工作作为全市的"一号工程"和"一把手"工程来抓，印发了《枣阳市持续深化一流营商环境建设实施方案》《枣阳市2021年湖北省营商环境评价反馈问题整改责任分工方案》《枣阳市2022年全领域全系统推进优化营商环境改革工作方案》，以高品质营商环境推动经济社会高质量发展。枣阳市营商环境工作创新举措如下。

一是涉企服务有特色

深入开展"百名干部进百企"、"评单位、评局长、评股长"涉企服务作风评议活动。由市"四大家"领导、市直部门143名优秀干部、12家银行专员组成帮扶工作专班68个，协调解决痛点、难点、堵点问题141项，全方位为企业纾困解难，真正做到急企业之所急，想企业之所想，当好"有呼必应、无事不扰"的金牌"店小二"。

二是纾困解难有办法

聚焦"高效办成一件事"，通过"减流程、压时限、快兑现"，将31项惠企政策及枣阳市出台的稳住经济一揽子政策（"枣五条"）纳入"无申请兑现"范围，在1-3个工作日就能将资金全额拨付到享受政策的主体，充分发挥财政资金引导放大作用。以枣阳市金盆担保平台、光武产业基金为桥梁，积极破解企业融资难题。

三是改革创新有新招

为打造一批在全国、全省具有影响力的"枣阳品牌",坚持"小切口、精准化"要求,对照全省优化营商环境先行区试点改革事项清单,枣阳市创建了全面探索市场准营即入制、在税务监管领域建立"信用+风险"监管体系、建立健全政务诚信诉讼执行协调机制扩大包容审慎监管范围,建立不予实施行政强制综合负面清单等优化营商环境先行区创建工作。以"高效办成一件事"改革为主抓手,"一事联办"主题事项已复制推广到 64 个,"一业一证"改革范围扩大到 19 个,省下放枣阳市的 126 个事项全部承接到位。

四是监督方式有创新

市政府聘请了由人大代表、政协委员和重点企业法人等 10 名不同界别的"枣阳市优化营商环境监督员",充分发挥其桥梁纽带、参谋建言、日常监督三大作用,畅通企业家与政府的有效沟通渠道,让企业家成为枣阳市营商环境的"侦察兵",随时随地向政府递送相关情报。

五是项目服务有机制

为确保项目早落地、早投产,枣阳市对招商引资项目实行一名牵头领导协调、一个项目秘书服务、一个路线图落实、一个微信群督办、一个政策包管总、一套协调机制推进的"六个一"机制。对重大项目按照路线图要求,牵头领导管总,专职秘书负责,每天到项目现场督办,每周在微信群通报进度,市领导全程关注、及时跟进督办协调,做好在建项目的"贴身卫士"。

博罗县 BO LUO

>>> 创新综述 <<<

博罗县深入贯彻落实党中央关于优化营商环境的决策部署和省委、市委工作要求，将 2022 年定为"营商环境综合提升年"，成立以县委书记为组长的营商环境综合提升工作领导小组，印发《博罗县"营商环境综合提升年"行动方案》，创新实施 5 大行动，采取 20 条措施，着力打造"成本更低、办事更快、服务更优、过程更透明"的县域营商环境福地。

1 开展"数字赋能"政务服务提质行动

打破数据壁垒，推动 7 个涉国垂、省垂、市直数据系统融合应用，实现超 210 万条业务数据链上共享、"一数复用"。5G+ 政务服务大厅、24 小时自助服务区投入使用，"粤智助""湾区通办"等自助办事设备覆盖全县所有行政村，实现智能化政务服务全天候"不打烊"。

2 开展行政审批提速提效行动

建立"首席事务代表"工作制度，全县 36 个部门、1523 个政务服务事项成建制进驻政务服务大厅，实现"大厅之外无审批"。依托"一网通办"平台，打通市场监管准入、税务等 10 个系统，实现 16 项企业高频"一件事"主题服务线上办理，有效减少表单 14 份、办理材料 23 份，压减办理时限 67 天。

3 开展"惠企助企"拓展行动

创新推行"创业大礼包"免费送，真正实现企业开办"零成本"。聚力打造全县项目建设一体化服务平台，全面整合产业招商项目数据档案，推动实现项目全生命周期跟踪监测、"一网统管"。创新组建重点项目代办服务中心，围绕项目建设备案至竣工验收全过程行政审批事务办理，提前介入、全程服务，目前已帮代办产业项目 100 余宗。

4 开展营商环境法治化建设行动

聚焦减证便民利企精简各类证明材料，直接取消 930 个、替代取消 763 个证明事项，全域迈入"无证明"时代。对全县 49 个行政执法单位全部 5356 项执法事项进行标准化梳理，细化量化行政处罚事项裁量权基准，全县执法尺度更加精准统一。

5 开展营商环境执纪监督行动

大力整治"中介腐败"及"二政府"问题，重拳打击一批"黑中介"。设立政务服务"红黑榜"，每季度通报考核结果，狠刹"庸懒散拖"等不正之风。大力查处破坏营商环境的问题，"亲""清"政商关系进一步筑牢。

2022 年博罗县改革创新、攻坚克难，营商环境明显优化，进一步激发市场活力、增强投资吸引力。全年引进产业项目 126 宗，总投资额近 500 亿元；全县新登记市场主体 2.29 万户，增长 7.35%；完成工业投资 201.39 亿元，增长 41.8%。

东阳市 DONG YANG

>>> 创新综述 <<<

东阳市用好评价指挥棒，激发部门行动力，围绕优化营商环境，制定出台《东阳市2022年营商环境整治提升大行动实施方案》《东阳市各民主党派开展"营商环境整治提升"专项民主监督工作实施方案》《关于开展主要负责人"体验式监督"助力优化营商环境活动的通知》等，探索推进六大整治提升行动，全力打造"办事不求人，高效快捷办，全程网上办"的一流营商环境。

1 建立工作专班，统筹任务推进。 该市建立起以人大主任为组长，常务副市长、纪委书纪、监委主任为副组长的营商环境整治提升大行动专班。专班办公室设在市发改局，负责日常工作运行，发改局局长任办公室主任。

2 实施挂图作战，落实落细责任。 该市召开营商环境整治提升大行动部署会部署全年工作，要求各牵头部门和责任单位按照"项目化、清单化、成果化"的要求，全力推进六大整治提升行动。梳理形成《东阳市2022年提升营商环境便利度指标目标任务分解表》2.0版，把指标，逐一落实到责任部门，确保每项指标有人抓、有人管。

3 定期分析研判，实现工作闭环。 各部门制定短板弱项指标整改提升方案，锚定目标任务，明确时间节点，全力以赴推进；市委常委扩大会议每月听取营商环境工作汇报；双月召开营商环境推进会，各部门汇报整改提升工作开展情况，对整改进展相对缓慢的，委办督查科及时跟进，做到整改一个销号一个，确保问题按时保质整改到位。

4 推动帮办代办，实现就近可办。组织召开镇乡街道便民服务中心工作人员"网办掌办"业务培训会 100 余场，今年以来累计培训 1 万余人次，民生事项镇乡街道便民服务中心"就近可办"率 94% 以上。

5 运用数字化平台，加快政策兑现。目前，包括"促经济稳进提质"等 117 项政策已在数字平台上线，政策资金兑现速度提升 10% 以上，其中"列入省重大产业项目"奖励兑现时长由原来的 30 天缩短到 19 天。

6 提升便利化水平，加快办理时效。打造"1+3+5"体系精简改革股权转让流程，通过"一窗受理"，税务局、公安局、市场监管局开展"三部门"联合线上办公，减证明服务、容缺办服务、承诺办服务、预约办服务、延时办服务等"五项便民措施"及多项延伸服务，股权转让平均办理时间由 5—7 个工作日缩减至 2 个工作日。

7 深化审批改革，简化办理流程。推进"无证明"城市改革，建立"无证明"办理事项清单，取消证明事项 89 项，实行告知承诺证明事项 65 项。全市共取消行政许可事项 11 项，下放行政许可事项 14 项，实行告知承诺制行政许可事项 47 项，274 项事项实现容缺办理。

8 开展"教科书"执法，提供标准指引。推进公检法、大综合一体化"1+8"行政执法单位编制自由裁量"教科书"，将"教科书式""一本通"印发至各基层所，评选十大典型案例，为基层执法人员提供标准指引，实现"一把尺子执法"。

永康市 YONG KANG

创新综述

永康市紧紧围绕"营造市场化、法治化、国际化一流营商环境"的重大要求，聚焦企业全生命周期需求，坚持"营商点题、改革破题、服务强根"主题主线，实体化运作营商办，迭代实施永康市全面优化营商环境工作方案 3.0 版，完成 10 方面 38 项改革任务、272 项助企惠企服务承诺，打造与"世界五金之都 品质活力永康"相匹配的"营商环境最优市"。

一是破除区域壁垒领域

1. 构建跨区域人才培养渠道。 聚焦传统职业教育模式和现代产业需求的结构性矛盾，创新"东迁西归"职教技能人才一体化培养新模式，深化"金蓝领"公寓建设，推动技能人才引、育、留、用全链条成长。目前已在云南、贵州等 5 省 8 地推广实施，东西部联合招生 1800 多人，培养中高级技工 3000 多人。

2. 畅通跨区域政务服务通道。 面对人员异地流动和企业跨区域经营日益频繁的现状，构建"永康、武义、缙云、磐安"五金产业集群政务服务圈，先后与江西万年、云南楚雄等 21 个县市签订《政务服务跨省通办战略合作协议》，实现 408 项高频事项"跨省跨市通办"，累计办理跨省业务 5 万多件。

二是完善投资建设领域

1. 知识产权激发创新策源力。 聚焦知识产权质量和效益不高等难题，构建知识产权全链条保护体系，全市商标有效注册量 9.8 万枚，新增国家知识产权示范企业 1 家，相关案例入选全国商标行政保护十大典型案例，获全国首批国家知识产权强县建设试点。

2. 数字经济强化发展驱动力。 针对中小企业数字化改造困难的现状，构建"N 个基础共性应用场景 +X 个个性化自选场景"的轻量级数改模式，为全国提供可学可仿的数字化转型样本。改造后，企业平均库存积压减少 30% 以上，生产效率提高 30% 以上，相关做法获时任国务院刘鹤副总理批示肯定。

三是提升对外开放领域

1. 打响跨境品牌知名度。 大力实施"品牌出海"行动，在美国和欧洲打造 2 个永康五金海外品牌基地，线上搭建永康五金"品牌之窗"平台，提供"世界五金之都"全球展示窗口。目前共有 87 家企业入驻，累计获得 304.96 万次海外流量曝光。

2. 挖掘外贸新增长点。 在全国电子商务进农村综合示范县的基础上，大力引导企业发展跨境电商，提升跨境电商产业园区综合服务能力和产业集聚程度，大型跨境电商平台易芽落户永康。电商发展位列全国县级市第 3 位，淘宝村数量位居全国第 2 位，2022 年累计培育浙江省跨境电商知名品牌 5 个、跨境电商应用型企业 298 家。

永康市营商环境持续优化，市场活力进一步增强，市场主体突破 15 万户，上市企业突破至 6 家，招引落地 3 亿元以上项目 20 个、10 亿元以上制造业项目 8 个，项目数、体量、质量均创历史新高。

永城市 YONG CHENG

创新综述

永城市以优化营商环境攻坚行动为抓手，坚持开展"能力作风建设年"活动与"万人助万企·为民办实事""三个一批"深度融合，制定出台《永城市2022年度优化营商环境攻坚行动方案》《关于特聘永城市营商环境特邀监督员的通知》《永城市营商环境考评办法》，逐步构建营商长效机制，推进互联互通，以解决全市营商环境存在的突出问题为重点，大力推进优化营商环境工作，全市营商环境有了较大改善。

创新载体，多频共振，成效突显，永城市营商环境优化建设实现质的提升。

1 构建分工明确的工作协调机制

该市营商环境攻坚工作协调机制总体框架：领导小组统筹协调，营商环境办公室上传下达，18个专项攻坚组和11个省评一级指标牵头单位分管各自领域，各职能部门协调配合。

2 创新开展营商环境监督工作

推出"码上监督"系统，提前介入行政执法初次受理过程，将全市规上企业、行政审批窗口、行政执法人员信息等纳入"码上监督"系统。为行政审批窗口按照"一窗一码"原则赋码，市场主体办理事项前扫码参与监督、事后参与评价；为企业按照"一企一码"原则赋码，对访企行为进行登记备案，接受市场主体、纪委监委评价监督，并以此为抓手，规范党政机关及其工作人员政商交往行为，推动形成亲不逾矩、清不远疏、公正无私、有为有位的新型政商关系和市场化、法治化、国际化营商环境。

3 持续提升政务服务水平

在政务服务大厅设置"一件事一次办"窗口，再梳理并落实"一件事一次办"事项清单计82项；政务APP已完成政务服务网对接，政务服务事项"掌上办"事项达1980项，占比75%。积极推进用水"一站式"服务，依托微信、支付宝、公众号等实现用水查询、缴费等业务。获得用电方面，企业办电可实现业务联办一并跑，资料一次提取，业务一并办理，现场确定具备装表接电条件的，可实行申请与装表接电联办。推行"宽进、快办、严管、便捷、公开"的工程建设项目审批模式，切实提升办理建筑许可便利度。全面实施"互联网+不动产登记"，精简办事要件和流程，全面实行不动产证书邮寄，目前登记中心已具备网上办理条件，应申请人要求邮寄证书24本。

4 四是聚焦营商环境抓改革、挖潜力、增动力、提效率，为企业发展增添活力、护航助力、赋能蓄力

（1）注册全程快捷化　推动"企业开办+N项服务"，推行"一网通办"，全年新增市场主体1.4万余户。

（2）企业退出便利化　全程电子化业务系统办理注销登记。

（3）包容审慎监管人性化　执法有力度更有温度，全年共办理不予处罚案件18起。下一步，努力把优化营商环境"蓝图"变为现实，增强群众和企业的获得感，为永城高质量发展保驾护航。

玉环市 YU HUAN

创新综述

2022年，玉环市先后印发实施《玉环市优化营商环境"10+N"便利化行动方案（2.0版）》《玉环市营商环境评价指标巩固、提升、整改行动方案》等文件，形成目标化项目化清单化月度推进机制，持续擦亮"营商环境，你永远可以相信玉环"金名片。

1 在区域壁垒破除领域

着力打通体制机制性关键节点。推进政务服务"跨区域通办"扩面提质，对等为在玉流动人员开展政务事项办理，累计与8省1市34地签署"跨省通办"政务服务合作协议，梳理可办事项数496项。开展行政规范性文件审查，以数字赋能联动公平竞争审查、公共政策健康影响评价，从制度层面消除影响公平竞争的政策障碍。实施"不见面"招投标。率先投用"不见面开标直播间"，开展异地线上交易，实现各方交易主体"线下不见面、线上面对面"。

2 在市场机制改革领域

着力提升市场主体准入退出便利度。常态化推进企业开办便利化改革，设立企业开办专窗，落实"自主申报＋信用承诺＋智能确认"模式在企业开办各环节应用，全面实现一日办、两环节、零费用。推出歇业"一件事"改革，助力企业降费减耗，实行强制清算或破产、灵活就业人员参保、失业登记、税务歇业登记、公积金缴存登记等业务环节"一表申请、一窗受理、同步推送、集成服务"，办理环节缩减至1个，办理时间缩短为1日。丰富完善市场主体退出制度，通过信息共享、线索移送、定期会商等多方联动提升系统治理能力，将买卖交易的企业信息与登记在册企业名单进行交叉比对，以筛选出异常企业。

3 在投资建设完善领域

着力推进市政公用设施基础提档升级。创新实施数字化办电，实现勘察、验收、接火送电全流程云上办，让用户办电"零跑腿""零等待"，同步开展线上办电"云验收"，将竣工验收缩短至1个工作日。持续推行获得用水用气"一件事"，基本实现居民及企业办理新装用水用气"2个办理环节、1日办结和0份申请材料"。

4 在公共服务优化领域

着力提升市场主体真切获得感。针对部分企业对优惠政策"找不到、不会用"等问题，搭建"玉环政企通"平台，做到财政奖补政策咨询、资金申报、在线审批、刚性兑付"一网通兑"，实现全流程"零次跑"。推行财产和行为税"十税合一"综合申报，实现"一张报表、一次申报、一次缴款、一张凭证"，增值税留抵退税平均时长压缩至1.06天，网上综合办税率达98%以上。以提升窗口服务形象为抓手，持续开展政务服务提升工程，重点推进民生事项下延乡镇便民中心工作，构建政务服务15分钟便民圈，实现90%以上民生事项下延乡镇便民服务中心。

青州市 QING ZHOU

>>> 创新综述 <<<

2022年，青州市聚焦聚力营商环境优化提升，持续深化"放管服"改革，以优化涉企审批、精准政策供给、创新服务模式为牵引，制定出台《青州市营商环境创新提升行动方案》《关于进一步优化营商环境降低市场主体制度性交易成本的实施方案》《青州市"无证明城市"建设实施方案》《关于支持物流业高质量发展的政策措施》《促进电子商务高质量发展若干措施》等一系列文件，在开办企业、获得电力、工程建设项目审批、减税降费等19个重点指标领域开展营商环境创新提升行动，严格按照预设线路、既定时间完成259项任务。

2022年度，青州市营商环境创新举措主要集中在以下方面：

1 聚焦审批提速

率先推出"全程包靠+问题直办"、"施工许可分阶段办理"、"投产无忧"一件事组合服务，累计开展企业项目全程包靠服务100余次，施工手续办理平均压减30个工作日。聚焦企业和群众跨省办事需求，在潍坊市内首推跨域通办"套餐一次办"审批服务，公布"套餐一次办"合作主题事项12项。全域加速推进"无证明城市"建设，编制电子证照"用证"事项清单700余项，汇聚证明150类、数据500多万条。

2 聚焦要素提质

一揽子出台支持高水平开放发展、电子商务、跨境电商等系列"政策包"，严格落实收费标准下限制，上级规定收费政策一律按最低执行，镇级收费一律取消，切实减轻企业负担。全面规范房地产和工业用地出让价格，不与征迁成本、指标购买等费用挂钩，不额外收取任何费用，切实降低企业用地成本。为破解各类市场主体融资难、融资贵难题，创新"无感授信""新市民金融"等普惠金融服务，可贷主体授信实现全覆盖，为新市民客户累计授信 100 多亿元，为各类企业解决融资需求 19.62 亿元。

3 聚焦服务提效

强化信用体系建设，不断丰富"信易+"应用场景。建立"工商联+公检法司"联络机制，聘请民营企业家担任执法监督员，设立派驻商会法律工作站，双向互动打造最优法治化营商环境。创新推出"局长坐班日""码"上办等服务，"一把手"窗口坐班 350 余次、解决问题 500 余个。深化服务企业，打造 13 个"亲清会客厅"，开通"青州联 e 家"，构建线上线下常态化沟通机制，帮助企业解决问题 7900 多件。全面升级零工就业服务模式，建成启用潍坊市首家"零工客栈"，为企业招工用工提供全方位、一条龙服务。

经过上述举措实施，全市营商环境优化提升按下"加速键"，要素保障和服务效能不断增强，企业群众便利度不断提高，市场主体活力得到进一步激发，受到了广大企业、群众和外来投资客商的好评，获评全国县域经济竞争力百强县。

射阳县 SHE YANG

创新综述

2022年,射阳县在全市率先创新登记模式,深入推行智慧商事登记服务,全面打造1窗口受理、1环节审批、1小时办结、0费用服务的"1110"品牌审批服务,助力优化营商环境。

率先建设运行企业登记"住所核验"平台

依托核验系统,实现市场主体登记信息与不动产登记信息共享,在申请市场主体登记时,只需要填报不动产权证号、产权人姓名,由系统实施在线自动核验,通过核验后,无须再上传不动产权证、租赁协议等文件,自动生成承诺制文书,按其申报承诺的地址核定住所(经营场所),2022年通过住所核验系统完成企业登记400多件。

率先开展"企业歇业"备案

歇业备案服务打破了过去市场主体要么维持在业经营状态,要么处于注销退市模式的"一刀切、二选一"局面,给了经营者第三种选择,有利于助企纾困,也是优化营商环境、激发市场活力的重要举措。让企业安全"休眠",既保留了他们的市场主体资格,又可以不再继续租赁经营场所,而是以申报的法律文书送达地址代替住所或者主要经营场所,节约了租金水电人工等运营维持成本,给他们提供喘息机会。

率先开展"一照多址"备案

以前企业申请设立分支机构需要提交登记申请书、经营场所证明、隶属企业章程复印件、隶属企业营业执照复印件等，现在仅需要提交备案申请书和经营场所证明。减少了申报材料、压缩了审批环节，节省了企业增设分支机构的时间和成本，实现一张营业执照、多个经营地址、多点开展经营，降低了企业跑腿率，增加了群众获得感。经验做法获得市审批局肯定和推广。推行"一照多址"改革后，企业在一张营业执照上登记备案多个经营网点，无需再为这些网点单独申请办理执照，突破了常规一家企业只能登记一个住所、一张营业执照只能记载一条地址的限制。2022完成备案10余件。

率先推进"一业一证""一件事"改革

在积极推进"一业一证"改革基础上，持续推进开药店、开便利店等"一件事"改革。在为"江苏家家悦超市有限公司射阳吾悦广场店"发放全县第一份行业综合执业证同时，先后又发放了药店、超市、餐饮服务、人力资源服务、医疗器械经营、交通运输等行业的综合执业证。2022年已完成开药店"一件事"20件、开便利店"一件事"134件，为市场准入提供便利。

率先开发启动企业登记档案查询系统

该系统12月1日已上线运行，企业通过电子营业执照完成核验，即可实现足不出户免费查询、导出、打印全生命周期电子登记档案，线上查询打印的档案带有登记机关名称水印和"企业登记档案查询专用章"，与现场提供的档案查询结果一致；每年可为企业提供档案查询3000余次，涉及档案资料10余万页。

瓦房店市 WA FANG DIAN

创新综述

2022年，瓦房店市针对企业群众办事需求，制定出台《瓦房店市营商环境升级行动任务分解方案（2022-2024年）》，围绕打造办事方便的政务环境、良好的法治环境、成本竞争力强的市场环境和生态宜居的城市氛围四个方面，明确80项升级行动任务，全力打造市场化、法治化、国际化营商环境。

2022年度，瓦房店市营商环境创新举措主要集中在以下方面：

拓展政银合作"就近办"	作为全省唯一县级试点单位，将企业开办、社保、医保基础业务权限授权至40个银行网点；
深化企业登记便利化改革	在东北县域率先实现企业开办0成本、1个环节、4小时办结，并做到全流程掌上办、不见面审批、免费邮寄办理结果；
释放个体工商户经营场所资源	允许将符合条件的住宅登记为住所；
促进企业"新陈代谢"	将企业简易注销登记公告时间由45天压缩为20天；

开展轴承产业事项"跨省通办"	实现五省五地轴承产业事项一窗受理、一次提交、免费帮办代办及免费邮寄办理结果；
开展"清单制+告知承诺制"审批改革	政府投资类、社会投资类、小型仓库厂房等工业类项目审批时限分别压缩到47、37、10个工作日以内，社会低风险产业类项目审批时限从立项到竣工验收压缩到7个工作日以内；实施"拿地即开工"，简化办理基坑和土方工程施工许可条件，并前置到立项用地规划许可阶段；提升公共事业服务办理便利度，市政公用设施报装纳入工程建设项目全生命周期，水电气事项与不动产过（立）户业务联动办理；设立"一件事一次办"专窗，实行多部门全流程主题式审批；开展"整村授信"工作模式，以村为单位对符合条件的村民开展信贷，降低融资成本，解决农户的资金需求；创新推出"税务+"模式，在大连市率先建立税务、财政、人民银行共同参与的退库保障协调机制，确保减税降费政策平稳落地；运用大数据助力"两个体系"建设，智能查找行权、廉政风险点；推动"事好办"成为常态，设置"办不成事"反映窗口，解决因政策解读不到位、部门协调难度大、办事推诿等原因导致的"办不成事"问题。

经过上述举措，瓦房店已建设150余个"就近办"服务站点；可办理企业群众视角的"一件事"200项；汇聚各电子证照45种、7万余条；瓦房店市就业和人才服务中心成为大连市唯一荣获"全国人力资源社会保障系统优质服务窗口"称号的单位；累计市场主体70825户，较去年同期相比上升9.12%；新增市场主体9897户，较去年同期相比增长35.74%。

西昌市 XI CHANG

>>> 创新综述 <<<

西昌市始终把优化营商环境作为推动经济社会高质量发展的一号工程，积极开展营商环境专项整治，着力构建亲清政商关系，真正增强招商引资"磁力"、打通绿色发展"动脉"，为企业"松绑"、为市场"腾位"，营造最优的市场主体环境。

解忧纾困

助推政策环境更加惠企暖企，为企业发展增添动能。制定出台《西昌市进一步优化营商环境实施方案》《西昌市工业企业招商引资激励支持办法（试行）》《西昌市2022年稳生产稳用工扶持奖励办法》等"一揽子"惠企政策，形成规范行政审批、强化领导帮扶、倒逼责任落实、激发企业活力等一系列举措，并将具体任务落实到责任领导、明确到具体部门。积极探索"拿地即开工"审批模式，实行"一企一策"驻厂制度，构建企业发展和项目建设全生命周期服务链条，切实解决好企业融资难、用地难、用电难、用水难等实际问题。

深化改革

助推政务环境更加优化便捷，为企业发展松绑减负。持续深化"放管服"改革，建立审批联动监管工作机制，实现"审管分离""一枚印章管审批"等改革；加大"互联网+政务服务"建设，推动"一网通办、全程网办"，建立"不见面审批"清单。加速"审批型政府"向"服务型政府"转变，创建"信息＋信用＋信贷＋风控"智慧金融服务新模式，为中小微企业融资提供稳定、规范、高效的"一站式"服务。开通"企业服务直通车"，落实领导干部联系企业和行业协会（商会）制度。

严查严督

助推法治营商更加公平公正，为企业发展保驾护航。 畅通"打开门、请进来"通道，主动向全社会公布"信、访、网、电"问题反映渠道。持续深化监督执纪，着力开展"重点行业领域系统整治""违规收送红包礼金""领导干部违规插手干预工程建设"等专项整治。建立完善咨询投诉—分析研判—分类交办—难题会办—跟踪督办—反馈回访等流程和途径，构建"纵向贯通、横向联动、分级负责、高效办结"的投诉受理和快速反应机制。

有为善为

助推政商环境更加亲近清廉，为企业发展高效服务。 高质量组建西昌市优化营商环境督查专班，实行日研判、周通报、月曝光、季考评制度，执行"一个片区一套专班运行，一个项目一个责任单位负责，一个问题一个专人跟进"机制。创新建立常态化政企沟通"早餐会"机制，分期分批邀请制造业、服务业、建筑业等各领域企业家"面对面"问需求、谈服务、提意见，现场解读政策措施。支持干部依规依法靠前服务、积极作为，激励广大干部放下包袱、轻装上阵，营造勇于改革、敢于创新、允许试错、宽容失败的干事氛围。

丰城市 FENG CHENG

>>> 创新综述 <<<

丰城市以获批首批江西省营商环境创新试点县（市、区）为契机，深入推进营商环境优化升级"一号改革工程"，率先推出营商环境"码上评"，既方便企业投诉求助，又时时监管警示干部。全面激发市场活力，制定《丰城市营商环境创新试点工作实施方案》，从 10 个方面推出了 57 项改革举措，出台一批马上办、网上办、随时办，在全省有首创性、突破性的创新改革样板。2022 年，丰城市营商环境创新试点改革主要在以下几个方面有所突破。

1 推进电子证照建设
率先实现交通领域的道路运输经营许可证等 6 类电子证照跨区域互认。

2 降低市场准入门槛
市场主体名称自主申报，登记与设立登记合并办理，并简化和放宽经营场所登记手续和条件。

3 实现"交地即交证"
对权籍调查、土地供应、出让金和税费缴纳、不动产登记审核等环节进行优化，缩减企业拿地、交地、办证周期。

4 打造不动产"互联网+"网上平台
实现不动产登记网上申请、网上查询、网上预约；与银行服务打通，使企业抵押贷款时间压缩 50%；与法院延伸平台打通，实现自助办理查（解、续）封业务；与中介服务平台打通，实现不动产转移登记线上申请办理等。

5 推行线上项目评审

开展"不见面"开标和远程异地评标，让企业"零等待"，项目评审中发现的疑点和问题直接在线上得到解答和解决，保障项目评审工作不延误、不断线，评审质量、评审效率不降低。

6 分类监管市场主体信用风险

对全市市场主体分为 ABCD 四类，设置不同抽查监管比例，对守信企业"零打扰"，对失信企业"利剑高悬"，同时健全失信惩戒和信用修复工作机制。

7 推行包容审慎监管

制定《丰城市推行包容审慎监管工作方案》，各执法部门分别出台柔性执法清单，将"首违不罚""轻微不罚"等包容审慎监管执法要求落实到位。

8 便捷惠企政策兑现

打造惠企政策查询、政策精准推送、惠企政策兑现、政企互动于一体的"惠企通"平台，平台累计注册企业 15717 户，注册率 118.61%。

截至 2022 年 11 月 30 日，我市市场主体总数为 71737 户，新设立市场主体 9142 户，净增 5312 户（其中企业净增 1419 户），比 2021 年全年增长 8%，并实行"个转企"329 户。累计兑现企业奖扶资金 18.38 亿元，涉及 136 家企业。政务服务大厅及网上办事大厅共办结各类政务服务事项 427531 件，其中承诺件 199530 件、即办件 228001 件。交易中心完成各类交易 371 场，成交总金额约 307173.71 万元，累计增收节支 19679.61 万元。各执法部门运用柔性执法清单共办理案件 228 件，减轻了行政相对人负担，减少罚款金额约 345.39 万元。

安宁市 AN NING

创新综述

2022年,安宁市坚持"工业立市"发展理念,围绕"滇中产业引擎,昆明工业脊梁"定位目标,以问题为导向,服务为重点,探索"123456"项目推动组合拳,出台营商环境"硬举措"为经济社会向好发展保驾护航。

1 成立一个指挥部

成立重点产业发展和重点项目建设指挥部,实行集中指挥、扁平管理、兵团作战,汇聚行政审批、资金支持等要素保障,形成"政府围着企业转、企业有事马上办"的工作格局。全年召开周例会13次,解决问题84个,推动项目建设40个。

2 设立两级作战体系

率先在全省建立"兵团制"+"链长制"联动机制,下设5个作战部、6个兵团、1个要素战略支援部的两级作战体系,立足资源禀赋,找准绿色新能源电池产业赛道,签约云南裕能、云南氟磷电子等项目,集聚资源、技术等要素,实现产业链延伸。出台《关于推动绿色新能源电池产业高质量发展的若干专项政策》,为企业想实招、出实策、谋实利。

3 推行"三个1%"工作法

招商有1%的希望,就付出100%的努力;项目有1%的需求,就提供100%的服务;为企业增加1%的利润,就做出100%的工作。云天化环保科技磷石膏项目5月签约,6月开工,12月竣工,体现了"当年签约、当年动工、当年投产"的园区速度。

4　建立"四即"推进机制

建立"签约即审批、履约即进场、拿地即开工、竣工即投产"机制，推行"一站式"服务，确保重大项目全流程审批不超过 50 个工作日，做到"24 小时出红线""1 个工作日出项目方案审查意见""15 个工作日办理《建设工程规划许可证》"。云南裕能、杉杉等项目从洽谈到开工 60 天，创造了安宁招商引资洽谈时间最短、投资规模最大、落地开工最快的"招引速度"。

5　实施五大服务机制

把企业满意度和项目推进效率放在首位，实施"规划管家""环保管家""安全专家""企业服务平台"四大服务平台+驻企"店小二 5D"服务机制，帮助企业最快速完成开工前手续办理。

6　聚焦六个重点

以提升效率为重点，推行"无证明办事""秒批秒办""刷脸办""延时办"，健全"就近办""上门办"等三级联动服务体系。以智能化服务为重点，上线"安营棒"项目跟踪服务小程序。以畅通融资渠道为重点，为中小企业打造"安采贷"。以问题攻坚为重点，在"亲清政商茶商"设立"营商环境观察站"，四班子主要领导每月带队现场办公。以提高满意度为重点，主动靠前服务，帮助企业利润提高 1%。以"尊商、亲商、爱商"为重点，对年度"工业十强""工业纳税二十强""工业投资二十强"企业和"杰出企业家""工业标兵"先进个人表彰奖励，形成"能让企业赚钱的环境，才是最好的招商引资环境"共识。

彭州市 PENG ZHOU

创新综述

2022年彭州市以市场主体和群众满意度为标尺，全面落实营商环境各项政策措施，制定了《彭州市营商环境提升工程2022年工作计划》、《稳定公平可及营商环境建设工程2022年工作计划清单和项目清单》并贯彻《优化营商环境条例》，以改革的思路和创新的办法持续深化"放管服"改革优化营商环境。

1 坚持营商环境建设系统谋划

出台《推行"提醒服务"工作方案》以及《推广使用"天府蓉易享政策找企业"智能服务平台工作方案》，整体推进各项工作举措，目前已上线15项惠企政策，企业可通过"蓉易享"平台实现线上申报。将营商环境工作纳入全市"三重"目标进行考核，开展了营商环境指标数据监测；开展营商环境"全流程体验"活动，组织召开重点医药企业座谈会等，全面了解我市营商环境政策落地落实情况；开通"12345"企业诉求专线，提供"7x24小时"全天候人工服务。

2 推进市场化改革领域深入

出台《支持市场主体纾困解难稳住经济基本盘政策措施》《彭州市市场主体培育高质量发展工作方案》等政策措施，

进一步降低市场准入门槛，深化商事制度改革，推进行政审批制度改革，推动实体经济降成本。

3 加快法治化营商环境建设步伐

出台《彭州市知识产权资助管理暂行办法》，成立彭州市知识产权纠纷人民调解委员会，设立知识产权维权站（点），实现知识产权非诉纠纷全覆盖。出台《彭州市"双随机、一公开"抽查工作方案》，建立共享用工、跨区域（重庆潼南，德阳绵竹、什邡）劳务协作，以及劳动纠纷"一站式"多元化解联动处置机制，开展"无欠薪"常态核查政策宣传，大幅提升劳动者维权便利度。

4 强化公平公正监管

出台《彭州市"双随机、一公开"抽查工作方案》，结合企业信用等级情况，持续推进"双随机、一公开"分级分类监管，梳理市场监管领域各部门行政检查事项共53类143项，分级分层细化各部门履职事项和工作职责；严格落实行政处罚"三张清单"，明确了对1021项轻微违法行为不予行政处罚，890项减轻处罚，1303项从轻处罚事项。

彭州市在营商环境建设领域不断推陈出新，以完善市场主体服务为核心，围绕企业设立、建设项目审批、公共资源交易、融资信贷、市场监管等领域，营造更加高效规范、公平竞争、充分开放的市场环境。

钟祥市 ZHONG XIANG

>>> 创新综述 <<<

钟祥市贯彻落实国务院、省关于优化营商环境决策部署，对标全国一流、全省最优，深度挖掘历史文化元素，以楚歌舞艺术家莫愁女故里为背景，全力打造"莫愁+"营商环境品牌，不断丰富"莫愁+"系列产品，"莫愁办不成、莫愁办不好、莫愁办不快"和"有了莫愁、办事不愁"的理念逐步深入人心。2022年制定出台《"莫愁+"营商环境打造计划年度攻坚方案》，形成了一批具有本土特色的营商环境创新经验。

2022年度，钟祥市营商环境创新举措主要集中在以下方面：

1. 惠企政策兑现方面，发布惠企政策兑现事项清单，对纳入认定类政策清单的53项惠企政策100%实行"免申即享"；

2. 招投标方面，推出招投标一网通投改革，率先在全省实现非市场主体身份在线"一次验证、全网通用"；

3. 政务服务方面，建成15分钟"莫愁便民政务圈"，实现全市乡镇便民服务自助办事网点全覆盖；

4. 创新"一证通"、"一件事集成服务"、"场景引导服务"等便民利企服务方式，进一步扩大"一网通办、一窗通办、一事联办、跨域通办"事项范围，全流程网办事项数提升至95%以上；

5. 开展"主播说政务"活动，上线政务微课堂，对办事流程进行线上详细讲解；

6. **工建领域改革方面，** 实施"六证同发"、"拿地即开工"、"水电气网联动报装"等改革，建立项目服务"组织协调、提前介入、挂图作战、并联审批、全程代办、现场协调"6大工作机制；

7. **法治改革领域，** 建立莫愁执行事务一站式办理中心，形成"一核八翼"（执行事务中心+8个服务窗口）、全链条式办理执行事务；

8. **在税收征管改革方面，** 推广"税莫愁"办税新模式，提供"一次申请、一站办理、一步办结"套餐式服务，打造以智能化、信息化、便捷化为导向的绿色办税新模式；

9. **在全省首推税务行政处罚"首违不罚"清单，** 对首次发生清单内违规事项且危害后果轻微，并在限期内改正的，不予处罚；

10. **服务经济发展方面，** 首创"莫愁招落服"、"莫愁+超级服务"、"莫愁小分队"、"莫愁店小二"项目服务管理平台，实行全项目覆盖、全生命周期、全天候帮办代办服务和项目业主证照办理"零跑腿"、中介服务"零付费"目标；

11. **市场服务方面，** 首推"农产品免费检验检测"服务，对涉农市场主体有检验检测需求的，由公共检验检测中心提供免费检测，所需经费由财政全额负担；

12. **金融服务方面，** 实施"一行一品"计划，推出"莫愁助力贷""云税贷""政企贷"等新型融资产品，解决中小微企业融资难问题。

三河市 SAN HE

创新综述

2022年，三河市针对区域壁垒破除、市场机制改革、投资建设完善、公共服务优化的需要，勇于创新、锐意进取，积极探索推进四个领域7项年度改革事项，推动市域经济高质量发展。

1. 在区域壁垒破除领域推动区域合作

针对北三县与北京市副中心协同发展战略布局，推出"区域通办"措施，重点推进跨省通办前期统一政策和标准等各项工作，经过多轮次对接、沟通，推出453项高频便民事项和70项政务服务事项实施"区域通办"。

2. 在市场机制改革领域推动市场准入

包括：1、针对"来回跑手续、反复交材料"的问题，推出"让企业开办迈入小时时代"措施，通过环节流程再造、审批要件内部流转、相关信息同时采集等措施，将企业开办时间压缩至7小时以内，最快1小时即可办结。2、针对部分业务踏勘量大，距离远，时间长等问题，探索"综合视频云勘验"措施，申请人只需一部手机，通过远程视频实时连线的方式，就能在线上完成踏勘工作。由需要间隔5至10个工作日，届时1天内就能完成。

3. 在投资建设完善领域推动进程管理

1、针对项目建设审批周期长的问题，推出"模拟审批"措施，审批部门充分利用土地征地拆迁、转用征收、组卷报批、公开出让的空档期，按"审批清单"开展模拟审批，出具非正式文件。待签订土地出让合同后，审批部门将模拟审批文件直接转换为正式审批文件，为企业投产缩短8至10个月的时间，金达机械、金益机械制造等项目实现"拿地即开工"。2、针对项目前期审批、规划衔接、土地征收和项目建设等方面遇到的困难和问题，推出"专群调度"措施，助力省市重点项目建设，截至目前，7个省重点新开工项目已全部开工，投资完成率141%；13个市重点新开工项目已全部开工，投资完成率107%；

4. 在公共服务优化领域

推动金融和社会服务。包括：1、为破解中小企业融资难、融资贵、融资慢等问题，推出"融资平台解难题"措施，三河市企业金融综合服务平台全面上线，已入驻9家金融机构，发布金融产品153个，入驻企业22388家，融资金额10.63亿元，降低企业融资成本1.8个百分点。2、针对深耕专业、锐意进取、勇于创新的企业和团队设立"市长特别奖"隆重表彰，树立起尊重人才、鼓励创新的浓厚氛围，2022年度共奖励6家团队120万元。3、针对企业发展中存在的实际困难，推出"企业座谈听心声"措施，召开各类企业座谈会，开通三河到天津蓟州区的"点对点"班车，紧急招聘2000余工人，解企业燃眉之急。企业"二期三期四期"现象成为一道风景线，三河市已有49个"二期三期四期"项目，总投资达471亿元。

庄河市 ZHUANG HE

>>> 创新综述 <<<

2022 年，庄河市深入贯彻落实习近平总书记视察东北、辽宁的重要讲话精神和关于营商环境建设重要论述，聚焦市场主体和群众关切，将优化营商环境作为推动县域高质量发展的"头号工程"，制度先行、改革破题，厚植高质量发展沃土，激发市场主体活力，全面开启庄河优化营商环境 3.0 版本，持续为庄河高质量发展注入新动能。

2022 年度，庄河市营商环境创新举措主要集中在以下方面：

创新优化陆海交通环境	加快实施"港口牵动"发展战略，扩大开放庄河口岸，启动庄河港新建泊位对外贸易，推动庄河港与韩国仁川港顺利通航，全力打造联系南北新通道、联结东北亚陆海交通重要节点。
创新优化审批服务环境	积极探索"带方案出让"审批模式，通过多部门并联审批变"接力赛"为"齐步跑"，压减审批环节、节约设计成本、提升建设品质，全面开启庄河审批新速度。推行"交房即交证"服务模式，提前介入、靠前服务，有效联动、信息共享，将现场查看、竣工图、测绘报告、房地落宗、首次登记等工作前置，实现不动产登记业务流程革命性再造，切实破解"办证难"。

创新优化政务服务环境	完善首问负责、容缺受理等服务制度，设置"跨区通办""办不成事反映"等综合服务窗口，不断提升政务服务标准化、规范化、便利化。延伸基层服务触角，全域建设村、社区便民服务站，首批129项便民服务事项实现"进站可办"。在东北地区率先创建县域首贷中心，邀请不同类别银行机构进驻政务服务中心，为企业提供差异化、特色化金融服务，为新注册小微企业提供银行信贷"绿色通道"，提高小微企业首贷成功率。
创新优化信用监管环境	推行以信用为基础的新型监管机制，积极构建具有庄河特色的法治化营商环境建设"1+4+7"工作体系。推动社会信用体系建设，全面落实守信激励、失信惩戒制度。开通企业信用修复绿色通道，实施全程网上办理。
创新优化涉企服务环境	全面开启云上办电2022，贯通公共数据共享渠道，推动政企信息融合共享，提供"云勘查、云验收"服务，开展智能审批、零证办电，实现涉路、涉绿审批"零上门"。持续开展"千人进万企""走企业、送服务"活动，畅通政企沟通机制。严格落实减税降费、创业扶持等政策，积极推动"免申即享"，开展"我为纳税人缴费人办实事暨便民办税春风行动"，助企减负纾困解难。

海城市

>>> 创新综述 <<<

2022年，海城市按照国家、省市相关部署要求，对标营商环境先进地区服务标准，印发《海城市深化放管服改革行动方案》、深入推进"放管服"改革，创新规范审批流程"1340"模式，推动营商环境持续优化。

一是积极推动便民服务延伸下沉

为将优质、快捷高效的便民服务向基层延伸，更好地服务群众，解决群众"办事远、办事难、办事慢、办事繁"的问题，海城市在下辖26个乡镇（街道）、424个村（社区）共建立了450个便民服务中心（站），并铺设电子政务外网，为企业群众办理业务；每个便民服务中心（站）根据工作需要，设置1至2个综合窗口，将18个部门业务纳入综合窗口进行办理，打破了部门和专业限制，实现了"一事跑多窗"向"一窗办多事"的转变，切实让群众得到方便、快捷、实用的办事体验。目前，乡镇（街道）级便民服务中心综合窗口可办理政务服务事项104项，村级便民服务站综合窗口可办理政务服务事项200项，社区级便民服务站综合窗口可办理政务服务事项197项。对清单外的事项，各便民服务中心（站）通过"帮办代办"方式，为企业群众申报业务，上传要件，实现政务服务"就近办、一次办、网上办、马上办"，让群众在家门口就能办成事、办好事。

二是大力推动"一网通办"

海城市以"一网通办"为突破，加快打造全市政务服务"一张网"。社保、医保、不动产等业务系统已全面接入一体化在线政务服务平台，实现涉及 36 个部门 1391 条已申请办理的政务服务事项在线申报、在线办理、在线反馈，除涉密或法律法规另有规定事项外，做到"应上尽上"，真正事项单点登录、统一受理、统一办结。

三是推进工程建设项目审批体系改革

海城市工程建设项目审批改革工作，着力将"放管服"改革落到实处，切实取消审批工作体外循环现象，实现"应进必进，集中化审批，一口受理，一站式"审批服务体系。现供该系统内可办理相关事项 147 项，共涉及相关部门 18 家，2022 年已有 72 个符合条件的项目录入供该系统，实行并联审批，大大缩短企业办事时间，提高工程建设项目办理效率，实现"线下申报线上审批""让数据多跑路，群众少跑腿"的便民服务宗旨。全年开复工 5000 万元以上项目 141 个。

四是持续深化园区体制机制创新

全面剥离园区社会管理职能，实施"管委会+公司"运行模式，做实园区审批权限，下放建设用地规划许可证核发等 20 项审批权，全面打通园区审批瓶颈。

安吉县 AN JI

创新综述

安吉县全面贯彻落实国家、省相关部署要求，并把全力优化营商环境工作作为"在湖州看见美丽中国"实干争先主题实践活动的重要内容，制定实施《2022-2025年营商环境优化提升行动方案》，明确四年营商环境工作的指导思想、主要目标，围绕企业痛点难点需求点，重点做好深化商事登记制度改革、提升投资项目审批效能、营造公平竞争市场环境等20项工作任务，以解决问题为切口，充分调动市场主体积极性，优化生产要素，增强发展动力。

2022年度，安吉县优化营商环境创新举措主要集中在以下方面：

1 公共服务领域

为全力推进新居民融合共富，增强进城务工人员的安全感、获得感、幸福感，创新推出平台共建、跨省共办、兜底共助、服务共享、多元共管的"五共模式"。投入县级资金20亿元打造"五彩共富路"，积极探索城乡融合发展新路径、"共同富裕"新模式。

2 登记财产领域

为建立健全生态保护补偿机制，助力我县竹林碳汇交易平台建设，创新推出竹林碳汇资产"身份证"。迭代升级不动产登记"一窗云平台"，创新不动产智治场景应用。

3 市场监管领域

聚焦生态领域"信息系统多，但整合汇聚难"、"问题隐患多，但主动查处难""执法事项多，但一线联动难"等痛点难点，创新安吉"两山"协同智治应用，打造现代环侦警务新体系护航绿水青山。为有效规范安吉180余家露营地企业经营、服务新业态"茁壮成长"，全省首创露营"监管一件事"。

4 政务服务领域

为实现群众办事"跑零次"，率先全省上线公积金还贷"一件事"应用场景。深入推进"大综合一体化"行政执法改革，打造简易程序PDA掌上执法应用。全国首创技能提升补贴一件事"无感智办"，助力"两山"技能人才队伍建设。

5 跨境贸易领域

为解决疫情期间人员往来和国际货运受阻难题，探索定期国际航班包舱位畅通出入境常态化便利化新路径。为帮助企业应对国际贸易风险，开发建设"贸险在线"应用，构建外贸风险预警及应对全链条服务体系。

近年来，安吉县在全省营商环境评价中排名逐年提升，处于前段水平，营商环境持续优化提升。2022年，安吉县新增上市公司4家，累计新引进亿元以上项目100个，完成亿元以上项目开工入库130个，竣工70个，完成固定资产投资244.88亿元。

江油市 JIANG YOU

>>> 创新综述 <<<

2022年，江油市针对"拼经济、搞建设、促发展"现实需要，深刻转变政府职能，提升服务质量，激发市场活力，制定出台《江油市2022年优化营商环境工作方案》等文件，落实"清单制＋责任制＋督考制"措施，积极推进增加企业投资便利等6个方面127项重点改革事项，确定行政审批流程再造等28项重点任务，推动营商环境更好更快发展。

1 在企业投资领域推动审批提速增效

园区服务方面，成立江油高新区企业服务中心，实现"企业办事不出园"。工程建设方面，推行建设许可阶段5个涉水事项"一表申请、并联审批"，压缩社会投资项目全流程审批环节及审批时限。不动产登记方面，落实"一码关联、信息共享"。商事制度改革方面，推进"一照多址"改革，通过"证照分离"机制贯通审批事中事后监管，"证照联办"实现食品监管领域营业执照和行政许可一次申请、并联审批。促进市场公平竞争方面，依法对涉及市场主体经济活动的规范性文件和其他政策措施、规定等进行公平竞争审查，共计11件，全面落实"非禁即入"。

2 在企业运营领域推动要素集聚支持

纳税缴费方面，建立"1+3+N"账图模式，压缩办理时限，企业满意率达 99% 以上。信贷支持方面，推进农民住房财产权保证贷款"微改革"试点。公共资源交易方面，持续推进减环节、减材料、减时限、减费用、减风险"五减"行动，加快"不见面开标"全覆盖，平均业务办理时长压减 5 个工作日。水电气要素供给方面，设立水电气报装综合窗口，统一线上申报入口，实现水电气报装"一张表格、一个入口"办理，施工预付费比例降低至 60% 以内。

3 在公平公正监管领域推动监管方式创新

创新监管方面，率先在食品、特种设备等领域推进远程、移动、预警监管。推行"先辅导再整改后执法"行政执法模式，避免"一刀切"。社会信用体系建设方面，全面落实"双随机、一公开"，推进分类、行业信用评价的实现和应用，强化以信用为基础的新型监管机制。

4 在政务服务质效领域推动审批制度改革

网上政务方面，推进政务服务"一窗受理、集成服务"综合改革，7443 件依申请事项（含乡镇事项）实现全程网办率 99.56%。"最多跑一次"改革方面，上线一体化政务服务平台，加快高频"一件事一次办"目录配置。成功创建省级"示范便民服务中心"7 个，省级"示范便民服务站"11 个。深化"三集中三到位""一窗通办""一件事一次办"，推行"受审分离"，增设"7×24 小时"不打烊自助服务等专区，企业办理登记时间压缩至 7.5 小时。

遵化市 ZUN HUA

>>> 创新综述 <<<

2022年，遵化市以增强企业和群众获得感、幸福感、安全感为目标，以市场化法治化国际化为导向，以不断深化优化营商环境政府令、"拿地即开工"等改革措施落实为抓手，持续擦亮审批服务金牌保姆品牌，着力打造一流营商环境。

在破除区域壁垒领域

推进全流程电子化改革，打造阳光下的招投标。我市公共资源交易中心实施全流程电子化，所有招标采购项目全部线上交易，线上记录，网上预约开评标场地，全部数据在线留痕可追溯。在招标投标领域，大力推行保函（保险）、支票、汇票、本票等非现金替代现金缴纳投标、履约等保证金，鼓励招标人对中小微企业投标人免除投标担保。

在改革市场机制领域

全面推进商事制度改革，降低创业门槛。不断优化企业开办流程，通过企业开办"一窗通"平台，实现企业开办全流程"网上办"，企业开办时间压缩到1个工作日。推进注销便利化，进一步放宽市场主体住所登记条件，推广应用电子营业执照，同时落实市场准入负面清单，依法保障市场主体的平等待遇。

在完善投资建设领域

持续推进企业投资项目承诺制改革,加快项目落地。深入推进"拿地即开工"、"承诺即开工"机制,进一步压缩审批时间,成立项目服务专班,加强对重点项目的全程跟踪帮办,加快项目落地步伐,最大限度为企业节约时间、成本;深化工程建设项目审批制度改革,优化项目审批。整个工程建设项目审批过程实施并联审批,从立项到施工许可阶段的审批时长压缩到 20 个工作日内。

在提升对外开放领域

推进离岸市场多元化。积极对接"一带一路"沿线国家和地区以及全球主要发包国,深入实施开放带动战略,拓展国际服务外包市场,不断扩大离岸业务规模;积极组织和支持企业参加国际服务贸易交易会、国际服务外包交易博览会等交易与交流活动,拓展服务外包业务。

在创新监管体制领域

建立反不正当竞争工作联席会议制度。认真开展"促竞争、护民生、保稳定"反不正当竞争专项执法行动。

在优化公共服务领域

着力打造审批"金牌保姆"。提升"互联网+政务服务"水平,政务服务事项网上可办率达到 100%,全流程网上可办率 100%。推行"一次性告知、首问负责、限时办结"、公布办事指南,拓展群众办理审批业务的咨询途径。实施政务服务"好差评"制度,多渠道开通监督举报方式,设置"办不成事"窗口,面对面为群众及市场主体解决困难。实施延时、预约、上门、代办服务,审批服务水平不断提高,群众满意度不断提升。

延吉市 YANJI

创新综述

延吉市始终坚持"抓营商环境就是发展生产力"这一理念，积极培育适应市场经济发展的营商环境，取得了显著成效，向人民群众交上了一份出色的答卷。

1 抓党政主导，在制度建设和舆论宣传上做加法

一是加强组织领导 成立由书记、市长挂帅的软环境建设领导小组，切实提升抓营商环境的力度。在企业设立软环境监督员，形成政企互动的良好格局。

二是建立健全制度 实施了招商引资"五个一"工作机制，确定一个招商项目由一名市级领导统筹负责，组成一个服务小组，一企一策、一抓到底，极大地增强了投资者的信心。**三是强化舆论宣传。** 通过电视、网络等全媒体宣传报道营商环境建设的重大意义，推介全市营商环境建设的政策措施、典型做法和先进经验。

2 强涉企服务，在行政审批和捋顺关系上做减法

一是简化行政审批程序 把该取消的全部取消，该简化的全部简化，该共享的全部共享，实现群众和企业到政府办事"一次跑动"或"零跑动"。

二是积极为企业减负 不断完善涉企收费清单机制，让企业轻装闯市场。全面落实好清理拖欠企业资金工作，坚决砍掉各种不合理的中介服务事项。

| 三是全力理顺政商关系 | 通过"晒好"权力、责任两大清单，建立健全清单动态管理模式，做到了履职于法有据、公开透明，尽责主动担当、全程监督。 |

3 提行政效能，在创新服务和激励政策上做乘法

一是全面增强政务效能	高标准推进政务中心建设，坚持"应进必进"。严格实施"首问负责""限时办结""一次性告知"等工作制度，进一步提高群众和企业服务体验和满意度。
二是着力提升市场活力	全面推行"多证合一"改革，打造了"56证合一"的注册登记"升级版"。
三是优化创业环境	启动电子商务大厦、智能仓配中心等电商项目，被国家发改委等部门批准为全国"返乡创业试点市（县）"。

4 严监督监管，在转变作风和秩序整治上做除法

一是畅通渠道	在全市设立统一的举报电话，建立网上投诉平台，形成了一个电话对外、一张网络受理的"1＋1"投诉举报受理工作模式。
二是完善制度	坚持"一届接着一届干，一张蓝图绘到底"。逐步建立健全了以企业评议政府为主要内容的环境监督评价制度体系。
三是从严执纪	严肃查处在营商环境建设及工作落实过程中出现的违规违纪问题，对问题责任人严肃追责，予以通报。

万宁市 WAN NING

创新综述

万宁市委市政府高度重视营商环境建设，以打造法治化、国际化、便利化一流营商环境为目标，以制度集成创新为抓手，围绕企业全生命周期，实行"一枚印章管审批"，陆续印发《万宁市推行市场"准入即准营"改革实施方案》《万宁市推行"信用+免审"改革实施方案》《万宁市建立"审管法信"一体联动制度工作方案》等改革方案，在22个领域推行了27项改革，加快政府职能转型，提升社会诚信建设，全力优化营商环境。

1 在政务服务领域

推行"准入即准营"改革。以准入前便利、准入时高效、准入后包容为原则，万宁市推行市场"准入即准营"制度体系2.0版，以告知承诺制、免审、极简制构建三级便利化改革机制，推行一业一证、一证多址、容缺+准入等特色服务改革，实施"一件事一次办"全程网办服务，创新性将134项行政许可事项实施"承诺即入、备案即入"行政审批制度改革，涉企事项123项，占涉企经营许可事项的70%。

2 在社会诚信体系建设领域

推行"信用+"系列改革。结合信用主体评价结果，实施分级分类诚信激励，推行信用+免审、信用+秒批、信用+承诺等特色服务，创新性制定了业务标准和操作规范，将104个行政许可事项实行分级分类信用+特色服务。截至目前已为5400多个市场主体办理了"信用+免审"服务，平均每20分钟办结一件，审批时限提高90%以上。

3　在工程建设领域

深化工程建设审批改革。先后推出豁免清单、多审合一、水电气网极简报装等改革，工建项目实现 4 个阶段并联审批，4 条主线并行推进，合并审批事项 29 项，减少申报材料约 359 项。对不动产权证、规划许可证、人民防空施工许可和施工许可证实现"四证齐发"，拿地即开工。

4　在监管体制创新领域

推行"审管法信"一体联动改革。万宁市建立"审管法信"一体联动制度，率先上线"审管法信"平台，以数字赋能推进"审批、监管、执法"高效协同衔接，解决了审管执衔接、数据共享等不顺畅问题，实现系统监督告知承诺制审批批后复核、监管和案源查处。目前已实现审批结果自动告知监管或复核 7740 件，归集行政检查行为数据 1781 件，行政处罚数据 398 件，建档市场主体 22181 家。

通过多举措改革创新，万宁市营商环境大幅度优化，荣获新华网 2022 优化政务（投资）环境优秀城市，为万宁高质量发展奠定坚实基础。

2022 年新增市场主体 7405 户，同比增长 18.7%，其中企业新增 3081 户，同比增长 10.5%；271 个工程建设项目、7428 个市场主体享受了政策红利，地区生产总值增速全省第三、规模以上工业增加值增速全省第二、货物进出口增速全省第一、全国县域旅游影响力上升至全国第 11 位，优化营商环境改革创新成效逐步显现。